어른이 되면 괜찮을 줄 알았다

어른이 되면

심리학, 어른의 안부를 묻다

괜찮을 줄 알았다

김혜남·박종석 지음

포르*세

일러두기 ─────────────

1. 이 책은 정신분석 전문의 김혜남과 정신의학 전문의 박종석이 공동집필한 책이다. 김혜남의 글은 Rosso(오렌지), 박종석의 글은 Blue(파란색)로 본문 하단에 구분하여 작가의 이름을 작성했다.

2. 〈일요일 오후 1시〉는 현대인들 대부분이 겪는 가벼운 우울감에 대하여, 김혜남과 박종석 선생의 조언을 들은 인터뷰를 재구성한 것이다. 원고 중 K는 김혜남, P는 박종석, Q는 편집자다.

안녕, 나의 우울아

살다 보면 아주 사소한 일에도 우울해질 때가 있다. 문득 거울에 비친 내 얼굴에서 주름을 발견했을 때, 친구가 서운한 말을 했을 때, 첫눈 오는 날 만날 사람이 없을 때 우리에게 우울이 찾아온다. 그리고 억울한 일을 당했을 때, 사랑했던 사람이 떠났을 때, 가스와 수도가 모두 끊긴 집에서 텅 빈 지갑을 바라볼 때와 같이 제법 심각한 일에서도 우리는 우울을 느낀다.

우울은 우리 삶이 가지고 있는 다양한 얼굴 중의 하나다. 일이 뜻대로 안 될 때, 사람들 사이에서 상처를 받았을 때, 자신의 한계를 느꼈을 때 등 우리는 삶의 순간순간 우울감을 경험한다. 그러나 이런 우울은 인생을 살면서 마주칠 수밖에 없는 좌절에 직면했을 때 이를 내적으로 이해하고 극복하기 위한 하나의 과정이기도 하다. 이러한 우울은 고통스럽지만 정상적인 우울이다. 그리고 시간이 지나거나 상황이 달라지면 자연스럽게 그때의 우울감도 사라진다.

우리가 좀 더 관심을 두고 정성껏 어루만져 주어야 할 우울은 이보다 조금 더 깊고 조금 더 오래 앓는 우울이다. 우울하다는 말조차 할 수 없을 정도로 아무것도 할 수 없는 무력감과 자신의 인생에서 희망이 사라져 버린 듯한 깊은 절망감을 느끼게 되는 우울. 이를 두고 우리는 '우울증'이라고 한다.

"나는 현재 가장 비참한 사람이다. 만일 내가 느끼는 것을 온 세상의 사람들에게 나누어 줄 수 있다면, 이 지구상에 기쁜 얼굴은 단 하나도 없을 것이다. 내가 좋아질 것인지 알 수 없다. 그렇지 않을 것이라는 불길한 예감이 든다. 이 상태로 남아 있는 것은 불가능하다. 죽거나, 아니면 내게 벌어지고 있는 일이 좋아지거나 해야 한다."

이는 에이브러햄 링컨이 우울증을 앓고 있는 동안 자신의 심경에 대해 쓴 글이다. 링컨은 반평생 동안 우울증을 앓았다고 한다.

링컨의 글에서도 알 수 있듯이 우울증은 매우 고통스러운 병이다. 주위를 둘러봐도 탈출구가 보이지 않는 깜깜한 어둠뿐이고 스스로 몸 하나 움직이는 것조차 마음대로 되지 않는다. 모든 사고의 기능과 신체의 기능이 마치 모터가 꺼진 듯 멈춘 상태로, 모든 정신과 신체의 기능들이 슬로 비디오처럼 아주 천천히 돌아가게 된다. 이러한 우울증의 고통에 대해서 영국의 저명한 과학자 루이스 월퍼트 Lewis Wolpert는 《우울증에 관한 희망의 보고서 Malignant Sadness》라는 책에서 다음과 같이 묘사하고 있다.

"그것은 내 인생에 있어서 최악의 경험이었다. 아내가 암으로 죽어가는 모습을 지켜보는 것보다도 더 괴로웠다. 아내의 죽음보다 우울증이 더 고통스러웠다고 인정하는 것은 좀 수치스러운 일이지만 그것은 진실이었다."

우울증은 그 병을 앓고 있는 사람이 아니면 도저히 그 고통을 짐작하기도 힘들 정도의, 고통의 극한 상황으로 우리를 밀어 넣는다. 그래서 루이스 월퍼트도 "부끄럽지만 그것은 아내가 암으로 죽어가는 모습을 지켜보는 것보다도 더 괴로웠던 경험"이라고 고백하고 있는 것이다.

우울증은 세계보건기구가 선정한 인류를 괴롭히는 무서운 질병 열 가지 중에서 네 번째를 차지한다. 게다가 우울증은 전체 인구의 다섯 명 중 한 명이 걸릴 수 있을 정도로 만연해 있는 질병이다. 때문에 누구든지 그 한 명에 속할 수 있다. 아무리 강한 사람이라도, 아무리 부자라도, 아무리 멋있는 사람이라도 우울증에 걸릴 수 있고, 그게 바로 내가 될 수도 있다.

우울증에 빠지게 되면 세상 그 어떤 것에도 흥미를 잃고 즐거움을 느끼지 못하며 한없이 우울해진다. 평소 좋아하던 음식을 먹어도 무슨 맛인지 모르겠고 남들은 배꼽이 빠질 듯이 웃어대는 영화를 봐도 재밌기는커녕 왜 웃는지조차 알 수가 없다. 그 어떤 감정도 느끼지 못할 정도로 몸과 마음의 에너지가 다운된다.

우울증은 단지 우울감만을 느끼는 데서 끝나지 않는다. 우울증을 앓는 사람은 자신과 세상을 부정적으로만 보는 부정적 사고의 특성을 보인다. 또한 막연한 죄책감과 자신이 죄를 저질렀다는 죄악 망상을 보이기도 하고, 무가치감이나 자신은 가난하고 모든 것에서 실패했으며 아무것도 남지 않았다는 빈곤 망상을 보이기도 한다. 때로는 죽을병에 걸렸다는 신체적 망상을 보이기도 한다. 더군다나 우울증은 화병, 산후 우울증, 고3병, 대4병, 주부 우울증, 빈 둥지 증후군, 계절성 우울증, 중년기 우울증, 가면성 우울증 같이 여러 가지 다양한 형태로 나타날 수도 있다. 때문에 반드시 전문적인 치료가 필요하다.

우리나라 사람들은 정신질환에 대해 깊은 거부감과 편견을 가지고 있다. 몸이 아픈 사람에게는 자연스레 병원을 찾아가 볼 것을 권유하면서도, 마음이 아프다거나 우울하다고 하면 그것을 심각하게 받아들이지 않고 개인적인 성격의 문제나 의지의 문제로 돌려 버린다. 게다가 정신의학과에 대한 편견 또한 매우 심각하다. 정신과는 소위 말하는 미친 사람들만 가는 병원 정도로 알고 있는 경우가 많으며, 행여나 정신과에 다니는 것을 누가 볼까 봐 집 근처 병원에는 절대로 가지 않는다. 또한 "정신과 약을 먹으면 중독되고 바보가 된다.", "한번 정신과에 가면 그 기록은 평생 따라다닌다." 등의 잘못된 믿음은 사람들의 두려움을 더욱 부추긴다.

제아무리 심각한 우울증이라도 그래 봤자 병일뿐이다. 증세는 심각하지만 빠른 진단과 바른 치료만 이루어진다면 결국 회복이 되며, 완치도 얼마든지 가능하다. 그러므로 우리가 폐렴에 걸렸을 때 병원에 가서 약을 먹고 치료를 받는 것처럼 '마음의 독감'인 우울증도 감추거나 미루지 말고 적극적으로 치료를 받아야 한다.

우울증은 치료를 시작하면 대부분 3개월 안에 호전된다. 다시는 보지 못할 것 같았던 햇빛과 맑고 시원한 바람이 부는 세상, 그리고 이웃들의 따스한 미소를 다시 만나서 사소한 것에도 감사하는 법을 배울 수 있게 된다. 그리고 다시금 세상을 향한 여행을 시작할 수 있다. 하지만 그대로 방치할 경우 우울증은 오랫동안 우리 곁에 머문다. 그동안의 극심한 고통은 개인을 황폐하게 만들고, 심리적, 사회적 합병증을 부르게 된다. 그중에서도 자살의 위험성은 특히나 심각하다.

우울증은 분명 치료될 수 있는 병이며, 그 지옥 같은 어둠의 끝은 반드시 있다. 그러니 지금은 죽을 것같이 괴로워도 이 우울증은 반드시 좋아질 것이고, 다시 원래의 자신으로 돌아갈 수 있다는 것을 믿어야 한다. 이는 막연한 바람이나 위로가 아닌 의학적으로 증명된 분명한 사실이다.

우울증은 동굴이 아니라 터널이다. 그리고 그 터널의 끝에는 밝은 빛이 나를 기다리고 있다. 그러니 아무리 고통스럽고 괴로워도 희망의 끈만 놓지 않으면 그날은 반드시 온다. 다시 생생한 감정을 느끼고 나의 의지대로 생각하고 행동하며, 두 발로 서서 발끝으로 다가오는 땅의 기운을 느끼고, 잠시 멈추었던 여행을 계속할 수 있는 날은 반드시 온다. 그러니 삶의 어느 순간에 우울과 만나게 되면 당황하거나 외면하지 말고 당당하게 인사해야 한다. 그래야 우울과 건강하게 이별할 수 있다.

2019. 05. 김혜남

Contents

우울한 사람의 생각은
어둠의 물길을 따라 흐른다

/

우울증

물은 흐르던 길로 계속 흐르려는 속성이 있다. 물은 높은 곳에서 낮은 곳으로 흐르고, 이렇게 모인 물의 힘은 땅을 파서 물길을 만든다. 이 물길이 한 곳으로 흘러들면서 개울이 되고 강이 된다. 이렇게 강줄기가 형성되면 다음 물은 고민할 필요도 없이 이미 난 강줄기를 따라 흐른다.

한번 정해진 강의 흐름을 바꾸기란 여간 어려운 것이 아니다. 길이 만들어진 강줄기는 좀처럼 변하지 않고 계속 다음 물을 실어 나른다. 우리의 사고도 꼭 이 물길과 같다고 할 수 있다. 사고도 연상의 흐름이다. 어떤 자극이 우리의 뇌를 자극하면 그것을 어떻게 받아들이고 이해하느냐는 그 자극에 대한 연상이 어느 쪽으로 흘러가느냐에 달려있다. 그리고 어릴 적부터 의식, 무의식적으로 쌓인 경험은 그 방향을 결정짓는 일종의 저장 창고가 된다. 즉 살아오면서 반복적으로 쌓였던 경험은 우리가 세상과 사물을 이해하는 데 있어 중요한 지표가 된다.

다행히도 긍정적이고 따뜻하게 세상과 자신을 이해하는 법을 배운 사람들은 어떠한 자극이 들어왔을 때 사고의 연상이 긍정적인 방향으로 흘러간다. 그러나 어려서부터 크고 작은 상처와 고통으로 세상을 부정적으로 보기 시작한 사람들은 자신에게 닥친 모든 일을 일련의 부정적인 법칙에 따라 해석하고 인지하게 된다. 희망 없고 무기력했던 어린 시절의 기억들처럼 현재도 그렇게 되리라 미리 예측하고 판단해 버리는 것이다. 따라서 그의 세상과 미래는 어둡고 음울하게 느껴질 수밖에 없으며, 이 비관적이고 희망 없는 세상에서 그는 고통스러웠던 어린 시절처럼 무기력하고 우울해질 수밖에 없다.

회사에 늦었으니 죽어야겠다는, 우울한 진영 씨

입사 5년 차 직장인인 진영 씨는 오늘도 억지로 눈을 떴다. 시계를 보니 출근 15분 전이었다. 허겁지겁 세수만 간신히 하고 택시를 타려는데 오늘따라 택시가 안 잡혔다. '역시 난 운도 없어!' 택시를 잡으려 애쓰면서 진영 씨는 속으로 중얼거렸다. 간신히 택시를 잡아타긴 했는데 '회사가 당신 놀이터야? 지각을 하게!'라며 무섭게 호통을 칠 부장의 얼굴이 떠오르며, 오늘 하루를 어떻게 보내야 할지 막막해졌다.

그 순간 택시기사가 백미러로 자신을 흘깃 보더니 기분 나쁘다는 듯 인상을 썼다. 가뜩이나 우울한 진영 씨는 더 의기소침해져서 어깨를 잔뜩 움츠렸다.

'역시 난 안 돼! 어제 일도 변변히 마무리를 못 지었는데 오늘 지각까지 하게 되었으니 분명히 여러 사람 앞에서 창피를 당할 거야. 사람들이 나를 얼마나 비웃을까? 아마 내가 빨리 회사를 관두기를 바랄 거야. 난 동료들에게 민폐만 끼치는 존재니까.'

한번 터져 나온 진영 씨의 우울하고 비관적인 생각은 멈출 생각을 않는다.

'세상에 나를 좋아하는 사람은 하나도 없어. 오죽하면 택시기사까지 손님인 나를 보고 기분 나빠할까? 난 왜 이 모양일까? 난 게으름뱅이에 쓸모없는 인간이야. 나 같은 실패자는 이 세상을 살 가치가 없어. 난 가족들에게도 짐만 되는 존재야. 내가 없어져 주는 게 우리 가족을 위해서 좋을지 몰라.'

여기까지 생각이 미치자 진영 씨는 갑자기 앞이 깜깜해지고 숨이 턱 막혔다. 자신의 미래에는 희망이 없어 보였다. 이렇게 살 바엔 차라리 죽는 게 낫겠다는 생각은 어느새 차에서 뛰어내리고 싶은 충동으로 이어졌다. 마침 택시가 회사 앞에 도착한 덕분에 진영 씨는 마음을 진정시킬 수 있었다.

누군가에게는 별 것 아닌 지각이 왜 진영 씨에게는 죽음을 떠올릴 정도로 무겁고 우울한 일이 되는 것일까. 진영 씨의 사고는 일정 법칙을 따라 흐르면서 그를 더욱 더 우울해지게 만든다고 볼 수 있다. 우선 진영 씨는 극단적인 흑백논리에 따라 사물을 받아들인다. 진영 씨에게는 중간이 없다. 모든 것이 성공 아니면 실패다(all or nothing). 자신에게는 성공이나 실패 중 한 가지밖에 없기 때문에, 사람들 역시 자신을 좋아하거나 아니면 싫어하거나 둘 중의 하나일 것이라고 생각한다.

대부분 진영 씨 같은 사람들에게는 완벽주의자적인 경향이 있다. 그렇기 때문에 작은 실수나 실패도 견디지 못한다. 사실 최근 진영 씨의 회사는 야근이 다반사였다. 다들 지쳐있어서 조금씩 늦는 것은 웬만하면 눈감아 주는 분위기였다. 그러나 진영 씨는 다른 사람이 지각하면 '피곤해서 그랬겠거니'하고 생각하면서 자신이 지각하는 것은 '게으르고 무능해서'라고 단정 짓는다.

이런 경우 대인관계에서도 좋고 싫음만 있지 중간단계가 없다. 그런데 엄격히 따지자면, 대부분의 인간관계는 좋지도 싫지도 않은 그저 그런 관계들이다. 그러나 진영 씨에게는 호, 불호의 두 가지 관계밖에 없기에 자신에게 친절과 호감을 보이지 않는 사람은 분명 자신을 싫어한다고 생각해 버린다. 이러한 인지적 오류로 인해 그는 '자신이 게으르고 무능해서' 혹은 '자신이 못생겨서' 사람들이 자신을 싫어한다고 결론 내리게 되는 것이다. 진영 씨의 이러한 경향이 우울증을 부추긴다고 해도 과언이 아니다. 생각해보라. 자신을 게으르고 무능하며, 아무도 자기를 좋아하지 않는다고 생각한다면 우울증에 빠지지 않을 사람이 어디 있겠는가?

게다가 진영 씨는 한 가지 사건을 두고 마치 그것이 전체인 양 반응하고 있다. 이는 계속 1등만 하던 학생이 한 번 5등을 하고는 '나는 실패자'라고 결론짓는 것과 같다. 이 학생은 자신이 여섯 번 이상 1등을 해왔다는 사실은 무시하고 단 한 번의 하락을 일반화하는 것이다. 진영 씨 역시 마찬가지다. 그는 부지런하고 성실하기로 유명한 사람이었다. 그런데 어쩌다가 지각 한 번 한 걸 가지고 '자신은 게으름뱅이며 회사에 해를 끼치는 사람'으로 일반화하는 것이다.

이렇게 부정적인 방향으로 사고의 연상이 흘러가다 보면 우리의 정신적 필터는 그 많은 것들 중에 좋은 것들은 다 걸러내고 부정적인 것들만 건져 올리는 특성을 갖게 된다. 그리고 그 부정적인 것들로 전체를 판단하게 된다.

평소 진영 씨는 업무 면에서 탁월한 능력을 발휘하고 있었다. 그러다 최근 들어 머리가 아프고 집중이 안 되어 실수를 하고 말았다. 꼼꼼하고 완벽주의적이었던 그가 실수하는 것을 보고 동료들은 오히려 인간적이라며 반가워했다. "원숭이도 나무에서 떨어질 날이 있다더니 진영 씨가 웬일이야?"라며 웃었는데, 진영 씨는 이를 사람들이 자신을 비웃는 것이며, 자신이 실패하기만을 학수고대한 것이라고 해석했다.

이처럼 전체적인 상황이나 분위기는 다 걸러내고 일부 부정적인 것들만 건져내서 그 상황을 이해하게 된다면 그는 부정적이고 어두운 세계에 갇히게 된다.

좋은 결과는 우연, 나쁜 결과는 내 탓인 '우울증'

우울한 사람들은 세상을 재는 자를 두 개 가지고 있다. 하나는 탄력성과 신축성이 있어서 마음먹기에 따라 사물을 넉넉하게 잴 수 있다. 그러나 다른 하나는 쇠막대기로 되어 있는 데다가 눈금도 아주 촘촘해서, 그것으로 사물을 재기에는 아주 피곤하다.

그들은 타인을 평가할 때는 신축성 있는 자를 꺼내 든다. 그리곤 남들의 실수에는 '그럴 만한 이유가 있었을 거야.'라고 너그럽게 생각한다. 그러나 자신에게는 쇠막대기 자를 꺼내 들고서는 꼼꼼하고 냉철하게 판단한다. 그리곤 '나는 역시 안 돼.'라고 결론짓는다.

"이전까지 제가 업무를 잘했던 건 그냥 운이 좋아서였어요. 이번에 실수를 해서 일을 망친 것만 봐도 알 수 있어요. 그게 원래 제 본모습이에요."

진영 씨는 자신에 대한 부정적인 일은 의미를 크게 확대하고 긍정적인 일은 의미를 축소해서 받아들인다. 누가 자신을 칭찬하면 그저 듣기 좋으라고 하는 소리라 생각하고, 남들이 조금이라도 자신의 실수나 잘못을 지적하면 상대가 자신을 원래 싫어했던 것이라고 확대 해석한다. 이처럼 항상 자신에게 부정적인 시각과 야박한 잣대를 들이민다면 우울해지지 않을 사람은 없다.

이 외에도 우울한 사람들은 한두 가지 경험으로 성급하게 결론을 내리는 특성이 있다. 진영 씨는 지각을 예견하곤 동료에게 미리 전화를 해서 늦을 것 같다고 말을 해두려 했다. 그러나 동료는 다른 팀의 직원과 이야기 중이어서 전화를 받지 못했다. 진영 씨는 동료가 전화를 받지 않자 그가 자신을 피하고 있다고 생각했다.

'어떡하지? 나와 엮여봤자 평판만 나빠질 게 뻔하니 이제 사람들은 나를 피하고 가까이하려 하지 않을 거야. 그럼 나는 이 직장에서 견뎌내지 못할 거고, 결국은 이런저런 이유로 쫓겨나게 되겠지. 게다가 다른 곳에서도 나 같은 걸 채용하지 않을 거고 결국 난 인간 쓰레기가 되어 비참하게 살다 죽게 될 거야.' 생각이 꼬리에 꼬리를 물고 증폭되어 여기까지 미치자 진영 씨는 차라리 지금 죽는 게 더 낫겠다는 생각이 들었다.

진영 씨가 보이는 이런 사고과정의 특징을 독심술과 점쟁이 오류(fortune telling)라고 한다. 독심술은 충분한 근거 없이 다른 사람의 마음을 마음대로 추측하고 단정하는 사고의 오류를 말한다. 이것은 매우 모호하고 사소한 단서로 다른 사람의 마음을 함부로 단정하는 오류다. 진영 씨는 택시기사가 인상을 쓰자 그가 자신을 싫어한다고 단정짓는다. 실은 택시기사는 배가 아파서 인상을 썼음에도 말이다. 그리고 진영 씨는 동료가 전화를 받지 않자 자신을 일부러 피하는 것이라 단정했다. 여기에서 한 걸음 더 나아가 진영 씨는 자신의 미래는 처참해질 것이라고 예측한다. 마치 점쟁이가 된 듯이 미래를 예측하고 단정하는 것을 점쟁이 오류라고 한다.

스스로를 쓸모없다고 생각하는 사람의 마음은 얼마나 우울할까? 진영 씨가 그랬다. 그는 최근의 업무상 실수와 한 번의 지각으로 자신이 인생의 실패자이며 쓸모없는 사람이라고 느꼈다. 진영 씨는 한 번의 실수를 '아, 내가 실수했구나. 요즘 너무 피곤한가 봐. 조금 쉬면서 재충전을 해야 할 것 같아.'라고 생각하기보다, '난 타고난 실패자야.'라고 완전히 낙인을 찍어버린다. 이렇게 되면 그에게는 실수를 만회할 기회가 없어진다. 왜냐하면 그는 타고난 실패자라서 모든 것을 망칠 게 분명하니 말이다.

사실 이번 업무에서의 실수는 진영 씨 팀의 신입사원 때문에 일어난 일이었다. 그런데 진영 씨는 신입사원의 잘못을 자기가 떠맡는다. 그리곤 자신을 '부하 직원 하나 제대로 가르치지 못하는 무능한 상사'로 만들어 버린다. 이렇게 자신과 무관한 사건을 자신의 책임으로 떠안는 것을 개인화(personalization)라고 한다. 이 개인화는 죄의식을 낳고 이 죄의식은 그를 옥죄어 꼼짝 못하게 만든다.

그는 주변에서 일어나는 다른 사람들의 잘못을 자신의 책임으로 떠안는다. 그리고 자신은 바위에 묶인 채 매일 독수리에게 간을 쪼이는 프로메테우스처럼 신으로부터 형벌을 받고 있다는 느낌을 받는다. 자신이 지은 죄 때문에!

진영 씨가 이런 생각을 하고 우울에 빠지는 것은 결코 그가 의도한 일은 아니었다. 진영 씨 역시 행복하고 싶었다. 자신을 괴롭히는 이 지긋지긋한 우울로부터 자유롭고 싶었다. 그러나 자신은 그럴 자격이 없는 사람처럼 느껴졌다. 자신은 타고난 실패자요, 그 누구에게도 사랑받을 수 없는 혐오스러운 사람이기에 불행한 것이 당연한 것처럼 여겨졌다.

"분홍빛 긍정의 안경이 필요해요"

우리가 세상을 바라보는 방식은 우리의 내적 세계의 방식에 따른다. 우리가 어린 시절 부모나 다른 중요한 사람과 관계했던 방식은 이후 우리가 세상을 바라보고 경험하는 틀을 만든다. 진영 씨 역시 우울한 과거가 원인이 되어 부정적인 자아상이 형성되었고, 그로 인해 어두운 우울의 강을 따라 사고가 흐르고 있었다.

우울한 과거는 사고의 흐름을 계속 우울한 방향으로 실어 나른다. 그리고 이렇게 흘러간 우리의 사고과정은 작은 일에도 현실이 비관적이고 우울할 수밖에 없다는 확신을 하게끔 만드는 주범이 된다. 흔한 예로 컵에 물이 반이 담겨있을 때, 긍정적인 사람은 '물이 반이나 있네. 아껴 먹어야지.'하고 반기지만, 부정적인 사람은 '물이 반밖에 없네. 어떡하지, 큰일이네.'라며 걱정에 빠져들게 된다. 이렇게 우리의 생각은 우리의 감정에 영향을 준다. 감정이 생각의 방향을 결정짓고 다시 사고의 흐름이 우리의 감정을 강화시키는 악순환의 고리가 형성되는 것이다.

그렇다면 이미 지나가 버린 어릴 때의 경험은 바꿀 수도 없는데 이제 와서 우리가 무엇을 어떻게 할 수 있을까? 그저 우리에게 주어진 운명대로 살아갈 수밖에 없는 것일까? 이에 대한 대답은 분명 '아니요'다. 물론 누구도 과거는 되돌릴 수 없다. 우리가 슬픈 과거를 가지고 있는 것은 분명 가슴 아프고 안타까운 일이다. 그러나 그렇다고 현재나 미래까지 슬퍼야 한다는 법은 그 어디에도 없다. 단지 우리의 무의식이 자꾸 슬프고 험난한 길을 찾아 헤매는 것 뿐이다.

우리가 무슨 생각과 행동을 하고 있는지 알 수 있다면 반복되는 생각과 행동의 고리를 끊을 수 있다. 과거는 과거로 돌려주고 자기 인생의 주인이 되어 현재와 미래를 살아가는 것이다. 즉 고통스럽던 기억으로 덮여 묻혀 있던 참된 자기를 찾아 그 자기에게 밝은 햇빛과 맑은 공기를 쐴 수 있게 해주는 것이 필요하다.

　　물론 이렇게 되는 과정이 쉬운 일은 아니다. 그러나 우리가 나 자신에 대한 희망을 잃지 않고 있으면 세상에 대한 희망 역시 간직할 수 있다. 여기에 도달하는 첫걸음은 '긍정성'이다. 긍정적으로 생각하고 긍정적으로 느끼려 한다면 우리는 부정적인 측면도 객관적으로 관찰하고 받아들일 수 있게 된다. 긍정적으로 생각하라는 것이 부정적인 측면을 보지 말라는 말은 아니다. 비록 세상에는 힘들고 실망스러운 면도 있지만 궁극적으로 우리는 선과 행복을 향해 나아가리라는 믿음, 그러한 믿음이 바로 긍정성이다.

　　쇼펜하우어는 "행복하게 하거나 불행하게 하는 것은 객관적이고 실제적인 사물이 아니라, 거기에 대한 우리 자신의 생각이나 느낌이다."라고 말했다. 또한 그는 "우울한 사람은 비극을, 다혈질의 사람은 희극을, 침착한 사람은 무의미한 것만을 본다."라고 말했다. 사실 우리는 자신만의 색안경을 끼고 세상을 바라본다. 안경의 색이 어두울 때 세상은 전부 어둡고 칙칙하게 보일 것이며, 안경의 색이 분홍빛이면 세상은 분홍색으로 보일 것이다. 이 안경의 색은 바로 우리의 감정 상태나 사고방식을 나타낸다.

　　비록 오늘 내가 지각을 하고 업무에서 실수를 했지만 평소의 나는 성실하고 책임감 있으며 업무 능력도 뛰어나다는, 자기 자신에 대한 긍정적인 믿음은 나를 둘러싼 세상을 아름다운 분홍빛으로 물들이기에 충분한 힘을 가지고 있다.

유쾌함의 가면을 쓴
깊은 우울

조울증

너무 유쾌하고 너무 활력적이어서 불안한 사람들이 있다. 이들은 빈틈없이 공기가 꽉 들어찬 고무공처럼 움직임의 속도도 빠르고 힘도 세며, 방향도 예측하기가 힘들다. 게다가 세상 최고의 에너자이저처럼 활력이 넘치다가도 언제 그랬냐는 듯이 축 늘어져서 몸과 마음이 맥을 못 추기도 한다. 심지어 이러한 극과 극의 감정 변화는 주기적으로 일어나서 본인은 물론 주위 사람까지 힘들게 한다.

우울증의 한 종류인 조울증은 기분이나 생각, 행동 등이 극과 극을 오간다고 하여 '양극성장애'라는 병명으로 불린다. 기분이나 행동이 과도하게 상승되는 조증의 시기가 지나면 어김없이 우울증의 시기가 오는데, 조증 때 에너지를 몰아서 다 써버린 탓에 우울증 때는 더 가라앉고 처진다. 아무것도 하기 싫고 재미가 없고, 이유 없이 짜증이 나기도 하며 불안증세도 증가한다.

보통 조울증 환자가 겪는 우울증이 단순 우울증보다 더 위험하다고 하는데, 그것은 감정의 기복이 더 크기 때문이다. 정상 상태를 경험하다가 우울증의 시기를 겪는 것과 에너지가 넘치는 격양된 상태에서 우울증의 시기를 겪는 것은 그 감정의 절대값의 폭이 훨씬 크고, 변화의 과정에서 생기는 혼란도 훨씬 크다. 더 불안한 상태이기 때문에 본인은 물론 대인관계, 혹은 사회적인 활동을 수행하는 데 있어서도 그 행동을 예측하기가 훨씬 어렵다. 잘 다니던 직장을 갑자기 그만두거나, 10년지기 친구와 하루아침에 원수가 되기도 하는 등, 어디로 튈지 모르는 불안함이 항상 존재하고 있다.

하늘을 날다 바닥을 치는 감정의 롤러코스터

박 대리는 8월 초에 승진이 결정되어 기분이 날아갈 듯했다. 뼈 빠지게 일한 보람을 한번에 인정받는 듯했고, 이제야 운이 좀 트이는구나 싶었다. 자연스레 이번 달 회식의 주인공은 박 대리가 되었고, 기분이 좋아진 박 대리는 회식 자리에서 노래와 막춤으로도 모자라 개인기까지 펼쳤다.

"여러분! 기분도 좋은데 오늘 회식은 제가 쏘겠습니다!"

다소 격양되긴 했지만 큰 문제 없이 잘 놀던 박 대리가 느닷없이 80명이 넘는 인원의 회식비를 내겠다며 골든벨을 울렸다. 상사들이 웃으며 이를 만류하자, "아니, 지금 저 무시하십니까? 저 금수저입니다. 금수저! 회사는 취미로 다니는 거예요."라는 황당한 말을 해버렸고, 상사들은 더 이상 웃지 않았다.

여기까지만 해도 그저 박 대리가 술이 좀 과했거니 생각하며 넘어가는 분위기였다(사실 박 대리는 그날 맥주 한 잔밖에 마시지 않았고, 평소에 술이 약한 편도 아니었다). 그런데 박 대리가 승진의 기쁨에 취한 나머지 여직원들에게 무분별한 발언을 해대기 시작했다. 미혼이냐 기혼이냐, 상사냐 하위직급이냐를 가리지 않고 아무에게나 닥치는 대로 들이대며 예쁘다, 사랑한다, 내가 너 찍은 거 알지? 넌 내 거야 등등의 말들을 해댔다. 게다가 더 큰 문제는 박 대리는 6개월 전에 결혼한 유부남이란 사실이었다.

다음날 박 대리의 승진은 취소되었고 대기발령이 나게 되었다. 회식에 참석한 누구도 박 대리의 행동을 단순한 주사라고 생각하지 않았다. 더 황당한 것은 박 대리의 반응이었다. 자기 카드로 결제한 회식비 600만 원을 경비처리 해주겠다는 회사의 제안을 거절하고, 오히려 자신을 무시한다며 짜증을 냈다.

박 대리는 갑작스러운 승진 취소와 대기발령에 우울해하기는커녕 "이까짓 연봉, 비트코인이면 한방이야!", "고등학교 동창이 화장품 회사를 같이 하자네.", "중국에서 투자받으면 100억은 금방 벌어."라는 말을 계속하면서 한껏 들떠 있었다. 부동산, 땅, 화장품 사업, 게임 개발, 출판업 등등 하루에도 몇 번씩 사업 아이템이 바뀌었고, 회사에서건 집에서건 쉬지도 않고 잠도 자지 않으며 새로운 사업 계획들을 세웠다.

사업 준비를 위한 개인적인 미팅을 업무시간에 회사에서 진행하고, 지각과 조퇴를 밥 먹듯이 하는 통에 결국 박 대리는 권고사직을 당하게 되었다. 하지만 그는 전혀 걱정하지 않았다. 오히려 이까짓 회사엔 전혀 미련이 없다며, 사업을 하면 더 크게 성공할 것이라고 의기양양했다.

기다렸다는 듯이 퇴직을 한 박 대리는 퇴직금으로 치킨집을 차릴까, PC방을 차릴까, 아니면 주식이나 하면서 편하게 지낼까를 고민하다가 결국 점포를 구해 프랜차이즈 치킨집을 계약했다. 그런데 갑자기 다음날부터 우울감이 찾아왔다. 인테리어 공사를 하고 직원을 뽑고 가게 운영방식을 배워야 하는데 아무것도 하기 싫어진 것이다.

"어, 내가 왜 여기에 있지? 내가 대체 무슨 짓을 한 거지?"

불현듯 현실에 대한 자각을 하게 됐지만 이미 너무 많은 일이 벌어진 뒤라 이러지도 저러지도 못할 상황이었다. 박 대리는 울며 겨자 먹기로 현실에 떠밀려 치킨집을 시작했지만 결국 2개월 만에 문을 닫고, 퇴직금을 모두 날린 것으로도 모자라 빚만 떠안게 됐다.

과도한 기쁨과 과도한 우울, 위험한 널뛰기 '조울증'

조울증은 주로 박 대리처럼 30대에 생기는 경우가 많으며, 병의 지속기간이 6개월 정도로 꽤 긴 편이다. 계절의 변화에 영향을 받아 증상이 악화되는 경우도 흔하며, 무엇보다 재발이 잘 되어 당사자와 가족들을 힘들게 한다.

"콧노래가 나올 정도로 즐겁다가 갑자기 회사 일만 생각하면 우울해지고, 몸과 마음이 힘없이 가라앉아 있다가도 별 것 아닌 친구의 유머에 빵 터져서 깔깔대기도 해요. 저 조울증인가요?"

흔히들 조울증을 기분이 좋다가 우울했다가를 수시로 왔다 갔다 하는 병으로 이해하고 있는데, 이는 사실과 다르다. 기본적으로 조울증은 일정 기간의 조증 시기와 일정 기간의 우울증의 시기가 번갈아 나타나며, 보통 그 기간은 각각 2주 정도 지속된다. 또한 조증이라고 해서 무조건 기분이 좋아지는 것은 아니다. 물론 기분이 들뜨고 에너지가 넘치는 조증도 있지만 조울증에서 더 자주 나타나는 조증은 오히려 생각이 많아지고 예민해져서 사소한 일에도 쉽게 짜증이 나는 증상이다.

짜증이 나는데 왜 조증일까 의아하게 생각할 수 있다. 조증(mania)은 기분이 들뜨고 흥분된 상태, 비정상적으로 에너지가 과민한 상태를 말하는데, 이것은 외부의 자극에 엄청나게 예민하고 날이 서 있다는 뜻이다. 그래서 과도한 집중력과 지나친 생각이 본래의 유쾌하고 좋았던 기분을 사라지게 하고 의심과 피로감을 불러오게 된다.

조울증 증상을 보이는 경우 조증의 시기에도 그리 행복하거나 즐겁지 못하며 오히려 우울증 시기보다 더 불안정한 상태를 경험하기도 한다. 격양되고 들뜬 기분을 통제하지 못하여 박 대리처럼 과도하게 행동하게 되고, 결국 그 대가를 치러야 하는 불행을 맞게 된다.

조울증 환자 중에는 박 대리보다 더 극단적인 문제를 일으키는 경우도 많다. 조증 시기에 자신의 지갑을 노숙자에게 통째로 준 사람도 있고, 집을 판 돈 전부를 교회에 헌금한 주부도 있다. 또 누가 봐도 가능성 없는 사업에 아무 준비도 없이 수십억 원을 투자했다가 날린 사람도 있다.

"다시 에너지를 충전하고 천천히 시작해보세요"

박 대리에게 가장 필요한 것은 잠과 휴식이었다. 조증 시기의 충동으로 인해 충분히 먹지도 쉬지도 않고 달린 탓에 그의 뇌는 메마르고 예민해졌으며, 탈진해 버렸다. 이 상태에서는 세로토닌과 멜라토닌이 고갈되어서 제대로 잠을 잘 수도 없고 식욕도 생기지 않는다. 따라서 3일 정도 묻지도 따지지도 않고 잠만 자야 하는데, 신경이 바늘처럼 날카롭고 예민한 상태라 잠을 자는 것도 쉽지 않았다.

수면제와 신경안정제의 도움으로 며칠간 숙면을 취한 덕분에 박 대리의 몸과 마음은 어느 정도 안정 궤도에 들어설 수 있었다. 그러나 회복되어가는 박 대리의 컨디션과는 별개로 현실은 그가 저질러 놓은 문제들로 여전히 암담하고 막막한 상태였다.

나는 그에게 충분히 먹고 자면서 바닥까지 무너진 정신력과 체력을 회복한 뒤, 가족이나 친한 친구, 직장 동료와 같이 가까운 인간관계부터 회복해 나가기를 조언했다. 큰 실수를 한 경우엔 관계의 회복이 쉽지 않겠지만 그럼에도 최선을 다해 노력해야 한다. 진심으로 사과하고, 필요하다면 조울증의 고백을 통해 이해를 받을 필요도 있다.

관계 개선을 위한 노력과 동시에 새로운 사회 활동, 재취업에 대한 준비를 조금씩 해야 한다. 이때 절대 서두르지 말고 차근차근, 천천히 시작해야 한다. 예전에 해 봐서 익숙한 일을 다시 한다거나, 지인이 소개해준 직장에서 일하거나, 혹은 아주 단순한 아르바이트를 해 보는 등 위밍업의 시간이 필요하다. 이 시기에 조급해하거나 무리하게 시도하면 다시 감정적으로 격해지거나 충동적이 되어서 조울증이 재발할 위험이 커진다.

회복의 단계에 있어 초기에는 약물이 효과적이지만 중기부터는 약물보다 상담이나 인지치료가 더 효과적이다. 특히 가장 중요하고 효과가 큰 것은 가족을 통한 치료다. 조울증으로 인해 가족이나 주변 사람들에게 했던 실수들, 그로 인한 경제적 피해 등이 다시 환자를 우울하게 하고 조급함이 들게 할 수도 있다. 그 결과 또 새로운 사업을 무리하게 한다거나 술이나 도박, 무리한 투자와 같은 실수를 반복할 위험도 있다.

이런 악순환을 막을 수 있는 건 약물도, 정신과 의사도 아닌 가족의 인내심과 애정이다. 조울증은 3, 4회 정도 재발하는 것이 보통이지만 초기 1, 2회 때 잘 다스리면 더 이상 재발하지 않고 완치되는 병이기도 하다. 게다가 이미 벌어진 실패와 손해에 좌절하지 않고 무너진 마음을 잘 추스른다면, 타고난 열정과 에너지로 긍정적인 효과를 이끌어 낼 수도 있다. 실제로 조울증의 증상을 잘 다스리고 순기능을 이용하여 큰 성공을 거둔 사업가나 예술가도 많다.

조증의 자가진단 테스트

✓ 지나치게 기분이 들뜨고 말이 많아진다.

✓ 잠을 2~3시간만 자도 피곤하지가 않다.

✓ 주의가 산만해지고 생각이 지나치게 많아진다.

✓ 새로운 사업이나 일을 준비 없이 시작하고 성공을 확신한다.

✓ 도박이나 무리한 투자, 무분별한 음주나 성생활, 쇼핑 등에
   몰두한다.

✓ 항상 에너지가 넘치고 흥분되어 있다.

✓ 중요하지 않은 일에도 신경이 쓰이며 짜증이 쉽게 난다.

7가지 중 3가지 이상의 증상이 일주일 이상 지속되면 조증을 의심해 보아야 한다.

우울증의 자가진단 테스트

✓ 너무 슬프고 공허하다, 하루 종일 우울하다.

✓ 모든 게 재미없고 흥미가 떨어진다, 아무 의욕이 없다.

✓ 입맛이 없고 체중이 감소한다. 혹은 반대로 폭식을 한다.

✓ 불면증에 시달리거나 반대로 지나치게 많이 잔다.

✓ 매일매일 피로하고 쉽게 지친다.

✓ 집중력이 떨어지고 반복적으로 결정 장애를 겪는다.

✓ 죽음에 대한 생각을 한다.

7가지 중 4가지 이상의 증상이 이주일 이상 지속되면 우울증을 의심해 보아야 한다.

살아남은 자의 슬픔

상실과 애도

"나오코의 죽음이 내게 가르쳐 준 것은 이런 것이었다. 그 어떤 진리도 사랑하는 사람을 잃은 슬픔을 치유할 수는 없다는 것이다. 그 어떤 진리도, 그 어떤 성실함도, 그 어떤 강인함도, 그 어떤 부드러움도 그 슬픔을 치유할 수는 없는 것이다."

무라카미 하루키는 그의 소설 《상실의 시대》에서 사랑하는 사람을 잃은 슬픔에 대해 이와 같이 표현했다.

사랑하는 사람과의 이별은 무척이나 고통스러운 일이다. 어떠한 형태의 이별이든지 모든 이별은 다 고통스럽다. 더군다나 그 이별이 죽음에 의한 것이라면 남아 있는 사람들은 견디기 힘든 슬픔에 무기력감까지 더해지게 된다.

다시는 그를 볼 수도 만질 수도 없다. 아무리 보고 싶고 그리워해도 그는 이미 내 옆에 없는 사람이 되어버렸다. 이 감정은 마치 가슴 전체에 구멍이 뚫리고, 내 몸의 한 부분이 잘려 나간 것과도 같은 상실감을 유발한다.

고인을 떠나보내는 장례식장에서 오열하고 실신하며 슬픔을 모두 토해낸 듯했지만, 이후 오랫동안 불쑥불쑥 일상의 곳곳에서 그가 떠올라 하염없이 눈물이 흐르곤 한다. 모니터 속의 자료들과 씨름을 하다가, 빠듯한 점심시간에 허겁지겁 입에 밥을 밀어 넣다가, 하루를 닫으며 이불 속에 몸을 파묻다가 불쑥 떠오른 그의 얼굴에 어김없이 눈물이 찾아온다.

무라카미 하루키는 "죽음은 삶의 반대편에 있는 것이 아니라, 그 일부로서 존재하고 있다."고 말한다. 하지만 더이상 그와 함께할 수 없다는 불변의 진실은 여전히 죽음을 삶의 반대편에 머물게 한다.

우울, 그 상실의 고통

소중한 사람을 잃었을 때 우리를 괴롭히는 감정은 슬픔만이 아니다. 더는 그와 함께할 수 없다는 상실의 고통과 함께 과거에 대한 회한이 우리를 무겁게 짓누른다. 그에게 잘못했던 일들이 끊임없이 떠오르며, 좀 더 잘해주지 못했다는 죄책감이 칼날이 되어 자신을 찌른다. 그리고 같이했던 시간 동안 좀 더 행복한 시간을 가지지 못했다는 자괴감에 시달리기도 한다.

특히 그 사람이 갑작스러운 사고나 자살로 생을 마감한 경우, 살아 남은 사람들은 그의 죽음을 막지 못했다는 자책감에 시달리기도 한 다. 그에게 좀 더 주의를 기울였거나 다른 행동을 했더라면 죽음을 피할 수도 있었을 것이란 안타까움에, 남아 있는 사람들은 마치 그의 죽음이 자신의 책임인 양 괴로워하게 된다. 게다가 평소 그에 대한 사랑과 미움의 양가감정이 해결되지 않은 채로 있었다면, 자신의 미움이 그를 죽음에 몰아넣었을지도 모른다는 죄책감에 시달리며 마음껏 슬퍼하지도 못하게 된다.

어디 그뿐인가. 그는 죽었는데 나는 이렇게 멀쩡히 살아있다는 것 에 대한 죄책감도 크다. 그를 어두운 땅속에 남겨두고 우리만 살아있 다는 사실에 남아 있는 사람들은 마치 살아있는 것이 무슨 죄인 것 처럼 느끼게 된다. 이때는 자신의 몸이 갑자기 징그럽게 느껴지고 마 치 다른 사람의 몸같이 낯설게 느껴지는 이인증을 경험하기도 한다.

때론 세상과 신에 대한 분노가 활화산처럼 치밀어 오르기도 한다. 인간을 유한한 존재로 만든 신에 대한 분노, 그의 죽음에 직간접적으 로 연관된 사람들에 대한 분노. 이러한 분노는 살아있는 사람들의 가 치관을 무너뜨리고, 그들을 극심한 혼란에 빠져들게 한다.

모든 고통은 시간을 필요로 한다. 그리고 시간이 흘러가면서 고통 도 실어 나르게 된다. 사별로 인한 상실의 고통도 건강하게 아물기 위 해서는 실컷 슬퍼하고 아파하는 충분한 시간이 필요하다.

죽음에 의한 상실로 발생한 고통이 시간의 강물을 타고 흘러가서 과거라는 시간의 바다의 일부가 되기까지의 과정을 '애도과정'이라고 한다. 이 애도과정을 심리학자인 볼비 John Bowlby는 4단계로 구분했다. 첫 번째 단계에서 우리는 절망에 빠지면서 무감각해지고 항의를 하게 된다. 이때 대상의 죽음을 부정하기도 한다. 두 번째 단계는 죽은 사람을 매우 그리워하고 찾아다니는 단계로 안절부절못하고 죽은 사람에게 집착하게 된다. 세 번째 단계는 와해와 절망의 단계이다. 이제 인생의 의미를 잃은 것 같고, 사회적 관계를 끊고 고립되며, 무감각해지고 불면증과 체중 감소에 시달리게 된다. 끊임없이 죽은 사람에 대한 기억을 반추하며, 그것이 단지 기억뿐이라는 사실에 실망하게 되는 것도 바로 이 시기이다. 마지막 단계는 회복의 단계이다. 이때는 상실의 통증이 줄어들고 현실로 복귀하게 된다. 떠나간 그 사람이 내재화되어 가슴속에 살아있으면서 그에 대한 기억은 기쁨과 슬픔을 동반한다.

이러한 애도과정은 통상 6개월 정도의 기간을 필요로 한다. 만일 이 기간 동안 충분히 슬퍼하지 못하고 슬픔을 억누른다면 그 슬픔은 가슴속에서 곪게 되고, 나중에 병적인 애도반응이 나타날 위험성이 생기게 된다. 또 6개월에서 1년 이상 지속되는 애도반응은 병적인 상황으로 진행될 가능성이 있다.

애도과정을 겪는 기간 동안 우리는 슬픔과 그리움에 몸부림치게 된다. 모든 것이 다 끝나버린 것 같은 허무감과 홀로 남겨진 듯한 외로움, 그리고 죽음이라는 미지의 세계가 가져다주는 두려움 속에서 고통스러워하게 된다. 너무나 슬프고 너무나 아프지만, 이것은 사랑하는 이를 떠나보내는 당연한 과정이다. 그러니 거부하지 말고 충분히 슬퍼하고 아파해야 한다.

애도반응에서는 사랑하는 사람에게 연결되었던 자신의 본능적 욕동(libido)이 철수하게 된다. 그러나 이 과정은 쉽게 이루어지지 않는다. 사랑하는 사람을 떠나보내고 우리는 언뜻언뜻 그 사람의 모습을 보기도 하고 그 사람의 목소리를 듣기도 한다. 이렇게 그를 붙잡아두려는 소망은 환각의 형태에 매달리기도 한다. 그러나 이런 상태와, 그 사람이 이제는 더 이상 현실에 존재하지 않는다는 판단이 마주치면서 이제 우리의 자아는 운명을 받아들일 결정을 한다. 즉 그 사람에 대한 애착을 끊고, 현실을 받아들이고 현실에 만족하기로 하는 것이다.

이런 과정을 밟으면서 아주 서서히 에너지가 소진될 때까지 그 사람과의 단절이 일어난다. 고통스러운 슬픔을 거쳐 애도를 끝내면 우리의 자아는 억압에서 풀려나 자유롭게 된다. 그리고 철수했던 자신의 욕동은 다른 새로운 대상으로 향하게 된다. 새로운 관계, 새로운 사랑이 시작되는 것이다.

왜 상실을 슬퍼하기보다 우울해하는 것일까?

사랑하는 사람을 잃은, 죽을 것 같은 슬픔과 고통도 대부분 시간이 지나면 자연스럽게 극복이 된다. 그러나 더러는 슬픔과 고통이 오래도록 이어져 깊은 우울감에 빠지는 이도 있다.

애도는 우리가 슬픔을 흘려보내는 과정이다. 그런데 이 슬픔이 강의 물줄기를 따라 시간의 바다로 흘러들어 가지 않고 어디선가 막히게 되면 그때 우리는 우울증에 빠지게 된다. 상실에 대한 낙담으로 고통스러워하고, 외부세계에 대한 흥미가 감소하여 혼자 있으려고만 하며, 사랑할 수 있는 능력이 상실된다. 모든 활동이 제한되고, 자신을 비난하고 비하하며, 스스로를 헐뜯고 미워하게 된 나머지 자신이 처벌 받을 거라는 망상에 가까운 생각을 하기도 한다. 이러한 증상은 애도반응이나 우울증 모두에서 다 나타날 수 있지만, 애도반응에서는 자기존중감의 장애는 없다. 반면 우울증에서는 자기존중감의 저하와 자아의 빈곤이 온다.

사랑하는 사람을 잃는 것은 커다란 슬픔이다. 그런데 슬픔을 느끼는 게 아니라 우울증에 빠지는 사람들이 종종 있다. 왜 상실을 슬퍼하기보다 우울해하는 것일까? 프로이트는 그의 저서 《애도와 멜랑콜리아 *Mourning and Melancholia*》에서 다음과 같이 설명한다.

첫째, 애도에서는 분명한 대상상실이 있고, 따로 무의식에서 일어나는 상실은 없다. 그러나 우울증은 보다 이상적인 어떤 것의 상실이 온다. 그것은 바로 자아의 빈곤과 상실로 이어지는 것으로서, 애도반응에서 빈곤해지고 텅 비어버리는 것이 외부세계라면, 우울증에서 텅 비고 공허해지는 것은 바로 자아이다. 즉 애도는 대상을 잃었다는 게 문제지만, 우울증은 자아를 상실했다는 데 그 초점이 있다.

둘째로 자기존중(self-regard)의 상실이 있다. 우울증 환자는 자신은 다른 사람에 비해 진실을 보는 날카로운 눈을 가지고 있다고 말한다. 그러면서도 스스로에 대해 매우 비판적이고, 자신은 이기적이고 정직하지 못하다고 비난하며, 의존적 성향이 강하지만 이를 감추고 있다고 고백한다. 게다가 이런 자기 비난과 고백을 다른 사람 앞에서 별다른 수치심 없이 아무렇지 않게 한다.

우울증에서 보이는 이상할 정도의 자존감 감소, 자아의 빈곤함, 심한 열등감, 자기에 대한 비난 등의 증상은 자신의 자아를 소모 시키려는 행동이다. 사랑하는 이를 잃은 슬픔을 건강하게 흘려보내지 못하니 결국 자기 자신을 비난하며 갉아먹게 되는 것이다.

셋째는 퇴행과 사랑과 미움의 양가감정이다. 우울증에서는 사랑하는 대상을 상실함으로써 그 사랑 관계 내에 있던 애증의 양가감정이 드러나면서 우울이 강화된다. 그런데 이들은 사랑하는 대상을 상실한 후에도 그에 대한 사랑을 포기하지 못하고, 그 사람을 자신의 내부로 받아들여 자아와 대상을 동일시함으로써 도피한다. 즉 대상으로 향하던 욕동이 자기애적 동일시로 퇴행하는 것이다. 그렇게 되면 그 사랑 관계 속에 있던 미움까지 작동하게 되며, 이 미움은 스스로에게 고통을 주고, 그러면서 그 고통을 통해 가학적인 만족을 얻는다. 즉 이들은 계속해서 자신을 버리고 떠난 원래의 대상에게 보복을 하고 있는 것이지만, 사실은 이미 자기의 일부가 된 것을 병을 통해 괴롭히고 있는 것이다.

영화 〈보통 사람들〉의 병적인 애도반응

1980년에 개봉한 로버트 레드포드 Robert Redford 감독의 영화 〈보통 사람들 ordinary people〉에서는 사랑하는 가족을 잃은 후에 한 가족이 겪게 되는 애도와 우울이 잘 그려지고 있다.

영화에서 큰아들의 죽음 후에 가족 각자가 겪는 애도과정이 매우 흥미롭다. 17세 소년인 콘래드는 평소 어머니와 큰형의 연인과도 같은 밀착된 관계 옆에서 맴돌며 형을 부러워하고 이상화한다. 그러던 그가 형과 같이 보트를 타러 갔다가 폭풍을 만나 자신만 살아남게 되자 형을 구하지 못했다는 죄책감으로 우울증에 빠져 자살을 기도하게 된다. 콘래드는 4개월 동안 정신병원에 입원해 치료를 받은 후에 다시 집으로 돌아와 아버지의 권유로 정신분석치료를 받게 된다.

이 가족은 모두 병적인 애도반응을 보이고 있다. 콘래드는 평소 선망하고 질투했던 형의 죽음에 심한 죄책감을 느낀다. 그는 어머니의 사랑을 독차지하는 잘난 형에 대한 애증의 양가감정 속에 있었고, 보트 사고 후에 자기만 살아남자 형의 죽음이 마치 자신의 책임인 양 괴로워한다. 즉 콘래드는 자신의 무의식 속에 있던 형을 향한 질투와 분노가 형을 죽게 했다고 느끼는 것이다.

그는 형의 죽음을 맞아 형을 자신의 내부로 함입시켜 둘을 동일시하고, 평소 형에 대해 그가 가지고 있던 사랑과 미움을 고스란히 자신에게 돌린다. 그 결과 자살이라는 극한 자기 파괴의 형태를 띠게 된다.

콘래드는 정신병원에서 만난 친구 카렌과 가깝게 지내며 서로를 위로하지만, 우울증을 극복한 것만 같았던 카렌은 결국 자살을 선택한다. 카렌의 죽음에 다시 한 번 위기를 맞은 콘래드는 자신의 정신분석치료를 담당하고 있는 버거 박사를 찾아가고, 버거 박사 앞에서 처음으로 형의 죽음에 대한 죄책감을 털어놓으며 오열한다.

억눌렸던 감정이 폭발하고, "그건 네 잘못이 아니다."라는 버거 박사의 말을 들으며 비로소 콘래드는 오랜 시간 자신을 짓눌렀던 죄책감에서 벗어나게 된다.

큰아들을 너무나 사랑했던 어머니 베스는 큰아들의 장례식에서 자신의 감정을 다 묻어 버리고 얼음처럼 차가운 사람이 된다. 그녀는 다시 누군가를 사랑하는 것이 마치 큰아들에 대한 죄라도 짓는 것인 양 모든 사람에 대한 진실한 감정을 거두어 버린다. 그녀는 죽은 아들의 이야기를 입 밖에 내는 것을 피한다. 마치 그녀는 아들의 죽음을 부인하는 사람 같다. 그리고 죽은 큰아들에 대한 그리움과 슬픔은 죽지 않고 살아난 둘째 아들에 대한 분노로 바뀌어 어머니의 애정을 그리워하는 콘래드를 밀어낸다.

아버지인 칼빈은 아들이 형의 죽음의 충격에서 벗어날 수 있기를, 그리고 남은 가족들이 다시 행복해질 수 있기를 바란다. 그래서 칼빈은 마치 아무 일도 없었다는 듯이 쾌활한 모습을 유지하기 위해 애를 쓴다. 그리고 아들을 돕고 아들과 아내의 관계 회복을 위해 노력한다. 하지만 결국 아내는 변했고, 그 둘의 사랑이 사라져 버렸음을 확인하게 된다.

영화 속 주인공의 가족은 모두 큰아들의 죽음에 대한 슬픔을 억압하고 부인한다. 아버지는 집에 아무 일도 없었던 듯이 행동하며, 어머니는 큰아들의 죽음을 둘째 아들의 탓으로 돌려 둘째 아들을 미워한다. 그리고 동생은 형의 죽음을 자신의 탓으로 돌려 자신을 파괴함으로써 그의 죽음에 대한 고통을 부인하고 방어한다. 가족 중 그 누구도 큰아들의 죽음에 대해 맘껏 슬퍼하고 아파하지 못한다.

"실컷 울고 충분히 슬퍼하세요"

누군가를 상실했을 때 애도는 반드시 필요하다. 애도과정이란 충분히 슬퍼하고 아파하고 괴로워하는 것이다. 이러한 과정을 거친 후에야, 우리는 그 슬픔에서 건강하게 헤어나올 수 있게 된다.

상실의 고통을 현명하게 극복하는 방법은 따로 없다. 그저 슬플 때 충분히 슬퍼하고 아파하는 것 뿐이다. 그리고 시간이 아픔을 싣고 지나가도록, 그리고 지나간 자리에 새로운 시간이 흐르도록 내버려 두는 것이다.

그냥 상투적인 말로 들렸던 '시간이 약이다.'라는 말이 이때처럼 진실임을 확인하게 되는 때도 없다. 시간은 많은 것들을 치유하는 힘을 가지고 있다. 다시는 웃지 못할 것만 같고, 아무도 사랑할 수 없을 것만 같던 마음에도 어느덧 웃음이 찾아오고, 사랑이 찾아온다.

슬플 때 충분히 슬퍼하지 못하고 아플 때 충분히 아파하지 못하면 그 슬픔과 아픔은 안으로 곪아서 나중에 병이 된다. 종기가 났을 때 아프고 열이 나더라도 종기를 째고 그 안의 고름을 짜내야 한다. 그래야 안쪽에서부터 서서히 새살이 돋아나 상처가 완전히 아물 수 있다. 그저 종기를 덮은 채 그 위에 아무리 약을 발라봤자, 살 속 깊숙이 있는 병균은 점점 더 깊이 살을 파고들어 갈 뿐이다. 그리고 나중엔 병균이 전신에 퍼져 온몸을 병들게 할 수도 있다.

실제로 어린 시절 어머니나 아버지와 이별했던 경험이 있는 사람은 훗날 주요 우울증이 발병할 위험성이 높다. 이는 아직 죽음을 이해하고 인생을 이해할 수 없는 시기에 마주친 죽음이나 이별을 충분히 애도하지 못한 결과, 그 상처가 아이들의 인격구조에 커다란 상흔을 남기기 때문이다. 더구나 아이들은 아무것도 모른다는 어른들의 무지는 아이들이 충분히 슬퍼할 수 있도록 내버려 두지 않고, 아이들의 애도과정을 방해한다.

슬픔과 고통을 토해내는 일은 매우 힘든 과정이다. 영화 〈보통 사람들〉의 콘래드도 치료가 한참 진행된 후에야, 그리고 여자친구가 자살했다는 것을 알고 다시 한 번 극심한 혼란에 빠지고 나서야 비로소 형의 죽음에 대한 기억과 죄책감을 제대로 쏟아놓을 수 있게 된다.

상실의 슬픔을 이겨내는 과정에서 혼자 슬퍼하기보다는 그를 상실한 다른 사람들과 같이 그 슬픔을 공유하는 것도 건강한 회복에 큰 도움이 된다. 다른 사람들과 함께 고인에 관한 추억을 이야기하고 공유하는 과정에서 우리는 잃어버린 사람을 서로의 가슴속에 담아두게 되고, 홀로 남겨진 것에 대한 두려움을 극복할 수 있게 된다. 그리고 남아 있는 사람과의 유대감은 상실을 메꾸어주는 데 도움이 된다. 어쩌면 이 과정을 잘 받아들이고 극복하면 우리는 삶의 유한성을 인정하고 만남과 이별의 새로운 의미를 찾아가면서, 살아있음의 소중함과 타인의 소중함을 절실히 깨닫게 될 것이다.

죽을 만큼 힘든 내 마음을
어떻게 토닥여야 할까요?

살다 보면 살아있는 것 자체가 고통이라 여겨질 때가 있잖아요.

너무 힘들어서, 너무 아파서, 너무 외로워서 내 삶과 그만 작별하고

싶을 때.

어떻게 그 마음을 토닥일 수 있을까요?

P : 저도 불과 1년 전 즈음에 정말 정말 죽고 싶었던 때가 있었어요. 죽는 것 말고는 답이 없다고 느껴질 만큼 무척 힘들었죠. 하지만 종교적 신념과 부모님을 생각하면 그럴 수도 없었어요. 그래서 고민 끝에 찾은 답이, '저 멀리 외국의 험난한 산에 들어가서, 아무도 나를 찾을 수 없게 길을 잃자.'였어요. 살게 되든 죽게 되든 그건 신의 뜻에 맡겨보는 거죠.

비행기표를 예매하고 최소한의 짐을 싼 후 침대에 누웠어요. 잠이 안 오더군요. 내가 왜 떠나야 해? 내가 왜 죽어야 해? 수많은 물음이 들려왔지만 애써 모른 척하며 다음 날 예정대로 공항에 갔어요. 그리곤 다시 돌아왔고, 지금 여기에 있어요.

Q : 정말 잘하셨어요. 그런데 죽음으로 향했던 그 무거운 마음을 어떻게 극복하셨어요?

P : 죽고 싶다는 마음의 한끝에 아마도 살고 싶단 마음이 간절히 매달려 있었나 봐요. 누구에게라도 내 이야기를 하고 싶었어요. 내가 얼마나 힘든지 얘기하고 위로받고 싶었어요. 그런데 괜한 자존심에 의대 동기나 선배들에겐 연락하기가 싫더라구요. 그래서 고민 끝에 20년 정도 연락이 끊긴 중학교 친구에게 전화를 했어요. 친구

가 대구에서 신경정신과 전문의를 하고 있었거든요. 하나둘 털어놓다 보니 감정이 격해져서 결국 속의 이야기를 다 하게 됐어요. 제 이야기를 들은 친구는 그대로 혼자 있어선 안 되겠다며 당장 자신이 있는 대구로 내려오라고 하더군요. 그래서 그날 바로 내려갔어요. 어디든 나를 아는 사람이 없는 낯선 곳이면 될 것 같았거든요.

Q : 친구분이 그 마음을 잘 극복할 수 있도록 도움을 많이 주셨나 봐요?

P : 네. 친구는 제가 혼자 지내지 않도록 자신의 공간을 내어주고, 동굴 속에 스스로 갇힌 저를 세상 밖으로 끌어내려 애써줬어요. 제가 축 처져서 집에만 있으려 하면 항상 저를 끌어다가 축구화를 신기고 같이 축구를 했어요. 그리고 억지로라도 끌어내어 함께 등산을 가고, 호숫가에 데려가서 심호흡을 시키고, 산책을 하게 했어요. 그런 특별할 것 없는 일상의 하나하나를 다시 하면서 죽으려던 저의 마음에 조금씩 살고 싶다는 마음이 채워졌던 것 같아요.
사실 그 무엇보다, 세상에 나를 한 인간으로서 귀하게 여기고 소중하게 여기는 누군가가 있다는 게 정말 감사했어요. 더군다나 그렇게 20년 만에 뜬금없이 연락했는데 오랜 인연을 이어온 베프처럼 친구가 저에게 너무 많은 정성을 쏟아줬어요. 그렇게 석 달 정도 지나니까 나아지고 있다는 것이 확연히 느껴졌어요. 물론 완전히 회복된 것은 아니었지만 최소한 예전처럼 죽고 싶다는 생각은 들지 않더라구요.

그때의 일을 통해 제가 깨달은 것은, 아주 대단하고 절대적인 사랑만이 나를 구원하고 치유해주는 것이 아니구나. 친구의 가벼운 위로, 지나가는 사람의 작은 친절도 삶의 숨구멍을 틔워주는 소중한 물꼬가 될 수 있고, 그것이 희망이 되어 바닥에서 다시 올라올 수 있구나 하는 것이었어요.

K : 그래요. 정말 죽고 싶을 만큼 힘들 때, 그래서 정말 죽으려고 할 때 인간은 나를 살게 해줄 단 한 사람을 찾게 돼요. 박 선생님이 중학교 동창에게 불쑥 전화를 했듯이, 그렇게 누군가에게 전화를 하게 되죠. 그때 그가 내 이야기를 들어주고 받아주면 우울과 죽음의 충동으로 가득 찼던 내 마음에 삶의 희망이 조금씩 채워지죠. 그게 죽음을 생각할 만큼의 깊은 우울의 늪에서 삶으로 올라오는 시작인 것 같아요. 이별 혹은 배신과 같은 극심한 아픔과 슬픔도 그렇게 전화를 받아준, 나의 이야기를 들어준 그 한 사람을 시작으로 다시 인간에 대

한 신뢰와 희망으로 바뀌어 가게 되죠.

그리고 반대의 상황이 되어서, 누군가 나에게 그런 도움을 청해올 때 우리는 적극적으로 그 사람의 손을 붙잡아 주어야 해요. 삶을 향한 첫 끈을 만들어 주는 역할이 중요하거든요. 실제 그 전화를 받아주는 누군가가 있으면 안 죽을 확률이 높아요. 그런데 생을 향한 그 마지막 몸부림에 아무도 손잡아주지 않으면 삶의 끈을 놓아버리는 경우도 많아요. 정말 안타까운 일이죠.

Q : 몇 년 전에 친한 친구가 자살을 했어요. 그런데 그 친구가 자살하기 며칠 전에 저에게 전화를 했어요. "보고 싶어, 우리 만나자…." 당시 제가 근무하던 출판사가 너무나 치열하게 일하는 분위기인 데다 저도 일이 너무 바빠서 주중엔 도저히 짬을 낼 수가 없었어요. 그래서 친구에게 "나도 너무 보고 싶은데 상황이 이러니 주말에 보자. 주말에 만나서 우리 밤새 수다 떨자."고 했어요. 그렇게 토요일에 만나기로 약속을 했는데, 그 친구가 목요일에 떠나버린 거예요.

너무 미안했어요. 친구가 힘들어서 내게 전화를 한 거였는데 눈치 없는 저는 그런 신호도 감지 못하고 ….

K : 친구의 신호를 감지하지 못한 것은 정말 안타까운

일이지만 결코 그것을 나의 잘못으로 돌려선 안 돼요.
나는 신도 아니고 때론 신조차 어쩌지 못하는 일이 있
잖아요. 우리가 아무리 최선을 다해서 산다고 해도 우
리 뜻대로 안 되는 게 많아요. 우리가 아무리 사랑을 준
다고 해도 그 사랑이 효과가 없을 때도 있고, 심지어 상
대에게 상처를 줄 때도 있어요. 그리고 상황이 여의치
않아서, 혹은 미처 신호를 감지하지 못해서 즉시 그 손
을 붙잡아주지 못하는 경우도 있어요. 결국 우리가 할
수 있는 것은 매 순간에 진심으로, 최선을 다하는 것이
에요.

P : 저는 정신과 의사지만, 그리고 남들이 볼 땐 아주 멋
진 삶을 사는 사람처럼 보이지만, 이런 저조차도 죽을
만큼 아픈 상처가 있고 그것을 스스로 건강하게 극복
하지 못해 자살을 생각하기도 했어요. 그리고 정말 살
기 위해 본능적으로 내밀었던 손을 감사하게도 누군가
꽉 붙잡고 이끌어 주어서 지금 이렇게 살아있어요.
그런 의미에서 볼 때 제 손을 잡아준 그 친구가 제겐 너
무너무 고마운 사람이에요. 은인이죠. 다시 살 수 있는
힘을 준 사람이니까요. 그런데 안타까운 것은, 어떤 사
람은 그런 단 한 명의 사람조차 없을 수 있잖아요. 또 그
때의 저처럼 다 던지고 다른 곳으로 도망쳐서 몇 달을

살고 올 상황이 아닌 사람도 있잖아요. 그럼 그들은 나보다 훨씬 더 힘들지 않을까 하는 생각이 들어요.

Q : 맞아요. 요즘은 더 걱정인 것이, 20~30대들에게서 혼자 있는 것이 익숙한, 오히려 그것을 즐기는 듯한 문화가 확산되고 있잖아요. 혼자일 때의 시간이 주는 힘도 분명 있겠지만, 삶 자체가 혼자라면 정말 힘든 순간에 연락할 그 누군가가 없어서 생의 끈을 놓을 수도 있거든요. 그래서 저는 사람들이 조금은 마음을 열고 세상 밖으로 나와서 다른 사람들과 관계를 맺으며 살았으면 좋겠어요.

P : 요즘 젊은 사람들이 '나는 혼자여서 좋다!'고 하지만 사실 그것은 '함께'이고 싶단 마음의 역설적인 표현 같아요. 누군가에게 손을 내밀었을 때 거절당함으로써 느끼게 되는 고통, 실망감, 상실감을 경험하기 싫어서 일부러 '혼자가 좋다.'라고 자기최면을 거는 사람도 분명 많을 거라고 생각해요.

그리고 사랑하는 사람과의 이별이나 배신의 고통은 상대에 대한 상실이 아닌 결국 나에 대한 상실이 되잖아요. 그렇게 내가 없어졌을 때 자아(Ego)의 기능이 너무나 약해지면서 모든 것이 무섭고 두렵고, 다른 사람에게 도와달라고 손을 내미는 것조차 두려운 일이 되기도 해요. 그걸 도울 수 있는 방법이 정말 필요하구나 하는 생각이 들어요.

K : 내가 아픈 몸을 이끌며 책을 쓰는 것 또한 사람들에게 그런 작은 끈이 되어주기 위해서예요. 우울을 비롯한 마음의 병과 고통으로 힘겨워하는 이들에게 나의 이야기와 지식을 함께 나누면서 '그래서 우리 앞으로 어떻게 해야 될까?'에 대한 답을 같이 찾아보자는 취지죠. 그런 작은 소통이 그들에게 미약하게나마 빛이 되어 삶의 희망을 찾아가는 길을 열어준다면 더 바랄 것이 없을 것 같아요.

P : 선생님의 그 말씀에 저도 너무나 공감해요. 정말 어디 가서 내가 이렇게 아프다고 얘기할 사람도 없고, 정신과 의사에게조차 그 이야기를 쉽게 할 수 없는, 꼭 그때의 나와 같은 사람이 어딘가에 있을지도 모르잖아요. 그분들에게 나의 이야기가 작게나마 위로가 되고 삶으로 향하는 끈이 되었으면 좋겠다는 마음이 커요. 작은 지푸라기 하나가 물에 빠진 사람에게 삶의 의지를 키워주듯이 부족한 나의 이야기가 삶과 희망으로 향하는 끈이 되어준다면 저도 그것으로 충분해요.

느닷없이 만나는
불안의 공포

/

공황장애

"이상해. 왜 갑자기 가슴이 아프지? 호흡도 가빠지고, 온몸에 식은
땀도 나잖아. 이게 도대체 뭐지!"

어느 날 문득, 아무 이유도 없이 호흡이 빨라지고 가슴에 극심한
통증이 느껴지며 현기증이 난다. 손발이 저리고 식은땀이 나며 어지
러움까지 느껴진다. 뭔가 잘못됐다는 생각은 이러다 죽는 것은 아닐
까 하는 극심한 공포로 이어지고, 급기야 기절을 하기도 한다.

위험을 느끼는 상황에서 사람은 누구나 호흡이 가빠지고 온몸에
식은땀이 나며 두려움이 엄습해온다. 이것은 위험에서 탈출하려는
본능적인 증상이다. 그런데 전혀 위협적이지 않은 상황에서, 수시로

이러한 증세를 느낀다면 공황장애를 의심해 보아야 한다.

공황장애란 심한 불안 발작과 이에 동반되는 신체 증상들이 아무런 예고 없이 갑작스레 나타나는 것을 말한다. 불안장애의 한 종류로 10여 년 전부터 몇몇 유명 연예인들이 이를 호소하면서 대중에 알려지게 되었고, 현재는 널리 알려진 질환이 되었다.

공황장애는 100명 중 3~4명이 걸릴 정도로 흔한 질환인데, 남자보다 여자에게서 3배나 더 많이 나타난다. 특히 20대 중후반에 증세가 시작되는 경우가 많은데, 이혼이나 별거 중에 이를 경험하는 경우가 무척 많다.

공황장애는 그 증세만으로도 건강한 생활에 위협이 되지만 더 큰 문제는 이 병이 불안을 계속해서 키우는 습관이 있어서 다른 종류의 불안장애나 우울증을 불러올 위험이 무척 크다는 것이다.

노크 없이 찾아오는 수진 씨의 '두근두근병'

수진 씨에게 몇 년 전부터 순간순간 가슴이 세차게 두근거리는 증세가 나타났다. 정확히 언제부터인지 알 수는 없지만 갑자기 심장이 쿵쾅대고 가슴이 벌렁거리고 호흡이 가빠졌다.

처음엔 아주 잠시였다. '뭐지?'하고 무심히 지나칠 만큼 짧았지만, 이런 상황이 반복될수록 점차 그 지속시간이 길어졌다. 몸이 힘들거나 정신적으로 지친 날에는 더 자주, 더 오래 증세가 이어졌다.

수진 씨는 알 수 없는 이 무언가를 '두근두근병'으로 이름 짓고는 별 것 아닐 거라고 생각했다. 증세가 나타날 때마다 불안하긴 했지만 생활에 지장을 줄 만큼 심각한 느낌은 아니었다. 그저 기력이 약해져서 그렇겠지, 피곤해서 그런 거겠지 하며 무심히 넘겨 버렸다.

두 달 전의 일이다. 수진 씨는 그날 클라이언트에게 프레젠테이션을 하기로 되어 있었다. 종종 해오던 일이라 큰 부담 없이 프레젠테이션을 시작하려는데, 준비했던 자료의 최종 파일에 문제가 있는 것을 알게 됐다. USB와 이메일에 저장된 파일이 있긴 했지만 둘 다 최종본이 아니었다. 게다가 엎친 데 덮친 격으로, 하필이면 그때 회사 와이파이에도 문제가 생겼다. 결국 수진 씨는 클라이언트를 30분이나 기다리게 한 뒤에야 발표를 시작할 수 있었다.

"죄송합니다. 정말 죄송합니다."

그날 수진 씨는 프레젠테이션의 시작과 끝을 죄송하다는 말로 여닫아야 했다. 식은땀까지 흘려가며 진행한 프레젠테이션의 결과는 예상대로 최악이었다. 계약은 이뤄지지 않았고, 상사에게 불려가 그의 입에서 무지막지하게 튀어나오는 온갖 짜증과 분노의 폭탄을 받아내야 했다.

그날 이후 수진 씨의 두근두근병이 다시 고개를 들기 시작했다. 그런데 강도와 지속시간이 이전과는 비교할 수 없을 정도로 거세고 길어졌다. 심장이 1초에 100번씩 뛰는 것처럼 미친 듯이 쿵쿵댔고, 얼굴이 시뻘게질 때까지 숨을 몰아쉬게 되었다. 이러한 증상이 올 때면 몸을 가눌 수조차 없어서 그대로 주저앉거나 책상에 엎드려서 한참을 헉헉대야 했다.

'이게 뭐지? 무대공포증인가? 아니면 트라우마? 극심한 스트레스?'

고통의 실체도 분명하지 않은 데다 무엇보다 수진 씨를 힘들게 한 것은 이 고통이 예측할 수 없이 불규칙하게 온다는 사실이었다. 처음에는 발표나 중요한 계약을 앞두고 오는 과도한 긴장감이 아닌가 생각했다. 그런데 이러한 증상은 아무런 예고 없이 때와 장소를 가리지 않고 찾아왔다. 집에 혼자 있을 때도, 남자친구와 영화를 볼 때도, 심지어 자려고 누웠을 때도 찾아왔다. 지속시간이 10초일 때도 있었지만 20분일 때도 있었다. 가슴이 답답하고 뭔가 꽉 막혀 있다는 느낌이 들었고, 손발이 떨리는 게 멈춰지지 않았다.

"요새 어디 안 좋아? 어디가 아픈 거야?"

증세가 잦아지고 심해진 탓에 친구들과 가족들, 직장 동료들까지 수진 씨의 문제를 점차 눈치채기 시작했다. 주위에서 느낄 정도로 증세가 심해지니 수진 씨는 슬슬 걱정이 되기 시작했다. 인터넷 검색을 통해 정보를 찾아보니 '공황장애'라는 증상과 비슷해 보였다. 상담이 필요하다고 돼 있었지만 왠지 정신과 진료를 받는다는 게 꺼림칙해 다시 생각해보기로 했다.

다음날 수진 씨는 출근 시간 지하철에서 다시 '두근두근병'과 마주했다. 갑자기 속이 메스껍고 토할 것 같았다. 머리는 빙글빙글 돌고 온몸에 힘이 빠졌다. 도와달라고 말하고 싶었지만 목소리가 나오지 않았다. 의식은 또렷한데 마치 술에 취한 것처럼 몸을 의지대로 움직일 수가 없었다. 호흡까지 가빠지자 수진 씨는 불현듯 죽음에 대한 공포감이 밀려왔고, 잠시 후 그대로 기절해버렸다.

죽을 것 같은 갑작스런 공포 '공황장애'

공황장애는 영어로 'panic disorder'라고 하는데, 우리가 흔히 "패닉에 빠졌다."고 말하는 상황을 떠올리면 이 병이 주는 공포감과 의미를 쉽게 짐작할 수 있다. 공황장애는 1832년 영국의 심장내과 의사인 호프 J. A. Hope에 의해 처음 진단되었는데, 그는 심장박동이 빠르거나 불규칙하게 뛰는 두근거림의 증세를 보이는 환자 중 한 명이 유달리 신경증적인 반응을 보이는 것에 주목했다. 환자는 극심한 공포와 불안감을 느꼈고 자신이 심장병으로 죽고 말 것이라는 터무니없는 상상을 계속했다. 검사 상 그의 심장에는 아무런 기질적인 문제가 없었다. 하지만 환자는 의사의 말을 믿지 못했고, 공포로 힘들어했다. 시간이 지날수록 환자는 더 불안하고 우울해졌고, 부정적인 생각 또한 더 강화되었다.

'불안 심장병' 혹은 '예민 심장병'으로 불리던 이 병은 1940년대에 들어서야 내과적 문제가 아닌 심리적, 정신적 문제라는 것을 인식하게 되었고, 불안 반응의 하나로 받아들여지게 되었다. 이후 도날드 클라인 Donald Klein에 의해 일반적이고 만성적인 불안이 아닌 갑작스레 찾아오는 급격한 불안, 새로운 종류의 질환으로 구분되었다.

공황장애는 유전적인 영향이나 말초신경계의 과민성 및 과활동성에 의하여 생긴다는 가설도 있지만, 불안을 잘 다스리는 방어기제를 습득하지 못해서 유발된다는 주장이 더 설득력 있다. 불안은 누구나 느낄 수 있지만 같은 종류, 같은 강도의 불안이라도 공황장애 환자에게는 심각하게 영향을 준다는 것이다.

수능 전날 대다수의 고3 학생들이 두려움과 걱정, 과도한 긴장, 심장박동이 빨라지고 불규칙해지는 증상 등을 경험한다. 그런데 이들 중 몇몇은 그 증세가 심해져서 급기야 시험장에서 정신을 잃고 쓰러지거나 공황발작을 일으키기도 한다. 이들은 불안을 견디는 힘이 무척 약해서 작은 불안에도 큰 두려움을 느끼게 되는 것이다.

공황장애는 소심하고 내성적이거나 다른 사람의 앞에 나서기 힘들어하는 사람들에게서 더 많이 발생한다. 그래서인지 처음에는 학계에서도 이를 무대공포증과 비슷한 증상으로 이해하기도 했다. 많은 사람의 시선이 갑자기 자신에게 집중되니 긴장하고 스트레스를 느껴 이러한 발작이 생긴다고 본 것이다. 그러나 현재는 공황장애를 무대공포증과는 별개의 질환으로 이해하고 있다.

공황장애로 힘들어하는 이들의 공통점은 자극에 무척 예민하고, 반응하는 정도가 무척 크다는 점이다. 물론 이것은 겉으로는 크게 드러나거나 표현되지 않을 수도 있다. 기본적으로 이들은 감정을 솔직하게 표현하기보다는 참거나 억누르는 선택을 하는 성향이 있기 때문이다.

그때그때 불안한 감정을 밖으로 분출하지 않고 내부에 차곡차곡 쌓아두는 경우, 어느 순간 물 잔의 물이 확 넘치듯 폭발하게 된다. 한번 폭발하게 되면 우리의 몸과 뇌는 이러한 발작을 기억하고 두려워한다. 이를 예기 불안이라 하는데, 불안할 것을 두려워한 나머지 또 불안하게 되는 것을 의미한다. 이것이 악순환이 되어 불안이 습관으로 자리 잡게 된다는 점이 무척 중요하고 심각한 문제다.

다소 진부한 표현이지만, '자라 보고 놀란 가슴 솥뚜껑 보고도 놀란다.'는 말이나 자동차 사고를 크게 당한 사람이 길거리에 차가 지나가는 것만 봐도 몸이 흠칫 움츠러드는 것을 생각하면 이해하기 쉽다.

이러한 불안의 경험이 반복되면 불안에 대한 반응이 갈수록 커지고 과장되며, 파국적인 양상을 띠게 된다. 중요한 시험을 앞두고 '난 시험을 망칠 게 분명해.', '취직도 못 할 거야.', '내 인생은 끝났어.'와 같은 생각이 롤러코스터를 타고 계속 나쁜 쪽으로 흐른다. 이러한 부정적이고 왜곡된 인지가 너무 빠르고 강력하게 형성되기 때문에 옆에서 아무리 괜찮다고, 별일 없을 것이라고 말해도 소용이 없는 경우가 많다.

안심하세요, 당신에겐 아무 일도 일어나지 않을 거예요

공황장애에 가장 효과적인 것은 인지의 개선이다. 내가 죽을 것 같다는 생각, 정신을 잃을 것 같다는 두려움으로부터 벗어나기 위해 왜곡된 개념을 바로잡아 주는 것이 중요하다. 가장 먼저 "괜찮다."라는 말을 반복해서 해주고, 실제로도 별일 없이 안전하다는 느낌을 전해주는 것이 중요하다. 수진 씨의 경우 남자친구가 곁에서 손을 잡아주고, 따뜻하게 안아주는 것이 발작을 안정시키는 데 큰 도움이 되었다.

믿을 수 있는 가족이나 친구가 곁에서 안아주거나 괜찮다며 토닥여주는 것이 발작이 더 심해지는 것을 막는 첫 번째 방법이다. 공황장애로 인한 발작은 대부분 과호흡(너무 빨리 여러 번 숨을 몰아쉬는 것)

이 동반되기 때문에 숨을 천천히 깊게 쉬도록 유도하는 것이 도움이 된다.

공황장애로 인한 발작이 시작되면 대부분 이러한 이야기가 귀에 잘 들어오지도 않을뿐더러 따라하기도 힘들다. 그만큼 흥분하고 당황한 상태이기 때문이다. 그러니 이때 환자의 손이나 어깨를 잡고 "같이 따라 해 봐."라고 하면서 심호흡을 함께 해보는 게 효과적이다.

숨을 천천히 끝까지 들이쉬고 천천히 내쉬고, 들이쉬고 내쉬고, 이것을 10번 정도 반복한다. 환자의 대부분은 처음에는 기침을 하거나 심호흡을 제대로 하지 못한다. 이때 등을 어루만지거나 감싸면서 격려한 뒤 심호흡을 다시 10번 시킨 후에 천천히 말을 걸어본다. 이런 과정을 반복하다 보면 점점 호흡 속도가 정상이 되고, 말도 제대로 할 수 있게 되면서 발작에서 벗어나게 된다.

공황장애는 누구나 앓을 수 있고 비교적 흔한 질병이기에 증상과 대처 방안에 대해 익혀둘 필요가 있다. 평소 질병에 대한 지식이 없으면 가족이나 친구가 공황발작을 일으켰을 때 주위에서 더 당황하게 된다. "얘가 왜 이래? 너 어디 아파? 정신 차려!"라며 환자를 흔들거나 윽박지를 위험도 있다.

공황장애로 인한 발작 증세에 주변 사람이 당황하거나 과잉반응을 보이면 당사자가 더 놀랄 수가 있기에 상태에 따라 천천히 그리고 신중하게 대응하는 것이 무척 중요하다. 주변 사람의 침착한 대응을 보면서 환자는 찬찬히 미러링을 해 패닉에서 빠져나오게 된다.

심호흡을 할 때도 곁에서 "괜찮아, 괜찮아."라고 반복해서 말해주는 것이 효과가 있다. 그리고 환자에게도 '나는 괜찮다. 나는 괜찮다.', '나는 안전하다. 나는 안전하다.'라고 생각하면서 심호흡을 하라고 한다. 그리고 어느 정도 안정이 되면 이 말을 환자가 직접 소리 내어 10번을 말하게 한다.

환자의 상태를 세심히 지켜보면서 주위에 환자를 자극할 수 있는 날카로운 물건들을 멀리 치워준다. 그리고 텔레비전이나 휴대폰과 같이 시끄러운 소리가 나는 것은 꺼버린다. 갑자기 휴대폰 소리가 울리는 일도 불안을 더 악화시킬 수 있는 요인이 되기 때문이다.

어느 정도 진정이 되면 환자가 편히 앉아 기대거나 누울 수 있는 공간으로 천천히 이동한다. 여기까지가 공황장애에 대한 응급처치인데, 완벽하진 않지만 효과는 충분하다. 물론 이러한 것은 응급처치일 뿐이기에 근본적인 치료를 위해서는 전문가에게 정확한 진단을 받고 치료를 받을 필요가 있다. 공황장애는 약물과 상담만으로도 큰 치료 효과를 볼 수 있고, 완치도 가능한 질환이기에 너무 염려할 필요가 없다.

공황발작이 왔을 때의 차분한 응급처치 외에도 환자가 일상에서 안정을 찾을 수 있도록 가족이나 친구가 도움을 주는 게 무척이나 중요하다. 공황장애 환자들은 자신이 발작을 느꼈던 상황이나 장소를 자꾸 피하려 한다. 수진 씨도 발작 이후 지하철을 타는 것을 회피하려는 양상을 반복해서 보이곤 했다. 사람이 많아서 그렇기도 했지만 지하라는 폐쇄된 공간, 그리고 열차라는 좁은 공간에 갇히는 것을 두려워하여 보인 반응으로 짐작되었다.

수진 씨는 공황장애를 극복하기 위해 남자친구와 같이 지하철을 타고 한 정거장, 두 정거장씩 다니는 연습을 했다. 이런 노력 덕분에 지금은 혼자 지하철을 타고 긴 구간을 이동할 수 있을 정도로 안정이 되었다. 조금씩이지만 천천히 비정상적인 두려움에 맞서 자극과 불안을 다루는 법을 알게 된 것이다.

공황은 사실 내가 만들어 낸 공포다

공황장애의 치료에 있어 가족과 친구의 도움보다 더 중요한 것이 본인의 의지다. 공황발작이 시간과 장소를 가리지 않고 느닷없이 일어나는 증세인 만큼 도움을 줄 가족이나 친구와 함께 있지 않을 경우가 많다. 그러니 평소에 "괜찮을 거야, 나는 안전해."라는 말을 주문처럼 외우면서 두려움으로부터 나를 달래줄 필요가 있다. 그리고 호흡을 길게 하는 것도 수시로 훈련해두어 공황증세가 왔을 때 즉각 적용할 수 있게 해야 한다.

공황장애를 흔히 '짐작할 수 없고 가늠할 수 없는 큰 공포'로 여기는 사람들이 많은데 무섭다고 생각하면 더 무서운 것이 된다. 그러니 오히려 내가 어르고 달래며 잘 조절할 수 있다는 자신감을 가져야 한다. 물론 발작이 온 그 순간에 호흡이나 자기암시 등을 차분히 행하는 것은 무척 어려운 일이다. 하지만 공황장애로 힘들 때 우리가 가장 먼저 떠올려야 할 것은 죽음이나 공포, 두려움 같은 부정적인 것들이 아니라 사랑하는 가족과 친구, 괜찮아질 거라는 긍정적인 믿음이다. 그 믿음이 힘이 되면 죽을 것 같은 공포도 밀어낼 수 있다.

수진 씨가 겪은 고통과 현재의 안정된 모습이 그러하듯 수많은 사람들이 지나치게 두려워하는 공황장애의 실체가 생각보다 별 게 아니라는 것, 나를 그토록 몰아붙였던 두려움과 공포는 사실 내 자신에게서 나온 것이라는 사실만 깨닫는다면 그리 어렵지 않게 헤쳐나갈 수 있다.

일부러 불행하고,
언제나 우울한 당신에게

/

우울성 인격

1년 365일 하루도 빠짐없이, 온종일 검은 우울을 등에 지고 다니는 사람들이 있다. 그들은 구부정하게 굽어서 축 늘어진 어깨, 항상 기운 없어 보이는 뒷모습, 세상의 고뇌를 혼자 다 짊어진 듯 수심 가득한 얼굴을 하고 있다.

웃음을 잃어버린, 무겁고 생기 없는 표정의 그들은 즐겁고 행복한 표정의 사람들을 보면 저도 모르게 냉소적인 비웃음이 나온다. 그들은 세상의 즐거움을 하찮은 것으로 여길 뿐 아니라, 스스로도 즐거움을 누리지 못한다.

웃음을 잃어버린 사람들은 세상을 염세적이고 회의적인 태도로 바라본다. 누군가 '좋은 아침!'이라고 인사를 하면, 그들은 '뭐가 좋은데?'라고 반문하고, 누가 꽃을 보고 '참 아름답다.'고 감탄하면, 그들은 '곧 볼품없이 시들어버릴 텐데.'라며 찬물을 끼얹는다.

그들은 세상은 정의롭지 못하고 불공평하며, 이러한 세상에서 자기가 할 수 있는 일이라고는 아무것도 없다는 무력감에 빠져 살기도 한다. 또 자신에게 가혹할 정도로 비판적이어서 조금만 실수를 해도 후회와 자책을 하며 괴로워한다. 심지어 못난 놈, 머저리 같은 놈, 살 가치도 없는 놈이라며 자신을 비하하고 자학하기도 한다.

계속해서 힘든 일만 벌어지는 이들을 보면 마치 머피의 법칙 안에서 살고 있지 않나 하는 생각이 들기도 한다. 그리고 때론 이들이 적극적으로 '불행'을 추구하고 있는 것처럼 보이기도 한다.

자신에게 가혹한 '후기 인상파' 우진 씨

우진 씨는 친구들 사이에 '후기 인상파'로 불렸다. 우진 씨는 항상 양미간을 찡그리고 생각에 잠겨 있는 시간이 많았으며, 좀처럼 웃지를 않았다. 그는 항상 침울했으며, 인생은 고행의 연속이라는 생각을 가지고 있었다.

우진 씨는 '바른 생활 사나이'라는 별명도 가지고 있었는데, 그는 도덕적으로 어긋나는 행동을 보면 늘 화가 치밀어 올랐다. 물론 이러한 감정을 겉으로 드러내어 분란을 일으키지는 않았다. 그저 '역시 사람은 이기적이며 세상은 살 가치가 없는 것'이라는 염세철학을 늘 어놓는 정도였다.

우진 씨는 책임감이 강해서 주어진 일은 열심히 했지만, 딱히 일을 통해 보람이나 즐거움을 느끼지는 못했다. 다른 사람의 부탁은 거절하지 못하고 거의 들어주는 편이었으나, 항상 자신은 할 줄 아는 게 아무것도 없다고 말하며 의기소침해했다. 게다가 그는 자신이 조금만 잘못해도 심하게 후회하고 자책하며, 스스로를 '못난 놈'이라 생각했다.

1년 전 우진 씨는 여자친구를 사귀게 되었다. 주말 봉사단체에서 만난 여자친구는 활달하고 명랑한 성격이었다. 책임감이 강하고 과묵한 우진 씨의 모습이 좋아서 그녀가 먼저 다가왔고, 우진 씨도 그녀가 싫지 않았다. 그러나 그는 왜 그녀가 자기 같은 남자를 좋아하는지 이해할 수가 없었고, 그녀가 단순한 호기심으로 자신을 좋아하는 것은 아닌가 항상 의심하여 그녀를 화나게 만들곤 했다.

그녀는 늘 우울하고 쓸쓸해 보이는 우진 씨에게 어떻게든 즐거움을 느끼게 해주고 싶었다. 그래서 소소한 이벤트도 하고 적극적인 애정표현도 하는 등 다양한 노력을 기울였다. 그러나 우진 씨는 잠깐 미소만 지을 뿐 그다지 좋아하거나 즐거워하는 것 같지 않았다. 우진 씨의 냉소적이고 무덤덤한 반응에 지친 그녀는 결국 그에게 이별을 선언했다.

"전 사랑받을 가치가 없는 사람이에요. 여자친구도 그래서 나를 떠난 거예요. 나처럼 못나고 쓸모없는 사람이 왜 매일 아침에 눈을 뜨고 다시 세상 밖으로 나와서 돌아다니는지 모르겠어요. 모든 게 다 허무하네요."

여자친구와 헤어진 이후 우진 씨는 더 우울해지고, 스스로에 대한 비관적인 태도도 더 강해졌다. 창백하고 지친 얼굴의 우진 씨는 사랑하는 사람을 상실한 슬픔보다는 삶에 대한 공허감과 허무감을 호소하였다.

우진 씨의 만성적인 우울의 근원을 찾기 위해선 아주 먼 과거로 돌아갈 필요가 있었다. 그는 어릴 때부터 자신은 불행하다고 느꼈다고 했다. 우진 씨의 어머니는 직장상사인 아버지를 만나 우진 씨를 임신하게 되었고, 원하지 않는 결혼생활을 시작했다. 아버지는 어머니와의 혼인신고를 계속 미뤘는데, 알고 보니 아버지는 본처는 물론이고 딸도 셋이나 있는 유부남이었다. 결국 어머니는 우진 씨를 낳고 우울증에 빠졌고, 아버지는 어머니와 헤어지지도 못한 채 두 집을 왔다 갔다 하는 생활을 반복했다.

몇 년 뒤 우진 씨의 여동생이 태어났고, 어머니는 출산 후 우울증이 심해져서 병원에 입원까지 했다. 외할머니가 어머니와 여동생을 돌보느라 우진 씨는 할 수 없이 몇 달간 아버지의 본처가 있는 집에서 지내야 했다. 아버지의 본처는 사소한 일에도 우진 씨를 혼내고 구박했는데 그때마다 아버지는 집안을 시끄럽게 한다며 우진 씨를 혼냈다.

아버지가 집에 오는 날엔 어김없이 어머니와 큰 다툼을 했고, 그때마다 우진 씨는 여동생을 안고 구석에서 공포에 떨어야 했다. 다니던 회사를 관두고 자영업을 시작하면서 아버지의 발길이 뜸해졌고, 어머니는 우진 씨에게 아버지 가게로 가서 생활비를 타오라고 시키곤 했다. 냉담한 성격의 아버지는 어린 아들을 밖에 한참 세워놓고 마지못해 생활비나 학비를 주곤 했는데, 우진 씨는 이 일이 죽기보다도 싫었다.

"어릴 때부터 죽고 싶다는 생각을 많이 했어요. 왜 살아야 하는지 잘 모르겠더라고요. 그런데 나만 바라보고 사는 어머니 때문에 죽을 수도 없었어요. 죽고 싶어도 죽을 수 없는 내가 너무 비참하고 한심하게 느껴졌어요."

어릴 때부터 그는 세상의 모든 일이 시시하고 우스워 보였고, 세상이 과연 살 가치가 있는 것일까 하는 생각에 골몰해왔다. 하루하루가 꼭 지옥 속에서 사는 것 같아서 죽고 싶다는 생각도 자주 들었다. 그러나 자기 때문에 아버지와 결혼해서 사는 불쌍한 어머니에게 미안한 마음이 들어 오히려 공부를 열심히 하는 모범생으로 자라났다.

어머니에 대한 미안함과 책임감으로 인해 누구보다 열심히 살았지만, 우진 씨의 내면은 삶에 대한 의욕은커녕 살아가는 이유조차 찾지 못해 텅 비어 있었다. 그는 즐겁게 웃고 떠드는 사람들이 이해가 안 되었고, 어떤 면에서는 멋모르고 그렇게 사는 사람들이 불쌍해 보이기까지 했다.

고통을 통해 살아 있음을 느끼는 '우울성 인격'

우진 씨는 '우울성 인격'으로 볼 수 있다. 우진 씨처럼 만성적인 우울에 빠져 있지만 뚜렷한 우울증상은 보이지 않고, 이러한 태도가 성격으로 굳어진 경우를 '우울성 인격'이라고 한다. 요즘은 우울성 인격보다는 '기분부전장애'라는 진단기준을 사용하나, 기분부전장애는 상당히 애매하고 광범위한 진단범주를 가진다는 단점이 있다.

우울성 인격은 다음과 같은 양상을 보인다.

✓ 조용하고 수동적이며, 비단정적이다.

✓ 침울하고 염세적이며, 즐거움을 느끼지 못한다.

✓ 자기 비판적이고 자기를 비난하며, 자기를 경멸한다.

✓ 회의적이고, 혹평을 일삼으며 불평이 많다.

✓ 양심적이며 스스로에게 엄격하다.

✓ 생각에 잠겨 있고 걱정이 많다.

✓ 자신의 부적합함, 실패, 부정적 사건 등에 골몰해 있고, 자신의 실패를 즐기기까지 한다.

불행을 이상화하는, 혹은 고통을 즐기는 것처럼 보이는 사람들이 있다. 이러한 사람들을 '도덕적 자학증(moral masochism)'이 있다고도 하는데, 이러한 도덕적 자학증은 우울성 인격과 밀접한 관련이 있다. 도덕적 자학증은 자신을 돌보지 않고 힘든 일을 도맡아 하지만 잦은 사고를 당하거나 경제적인 손실을 입는 등 일이나 대인관계에서의 실패를 반복하는 사람들을 말한다.

도덕적 자학증은 죄책감과 밀접한 관련이 있는데, 이들은 양심이 과도하게 비대해진 상태라 아주 사소한 잘못에도 지나친 죄책감을 느낀다. 이들은 죄책감 때문에 스스로 처벌받고자 하는 무의식적 욕구를 가진다. 나는 잘못을 했기 때문에 당연히 힘들고 고통스러운 벌을 받아야 한다고 생각하는 것이다.

사실 도덕적 자학증은 우울감과 같이 모든 사람에게 어느 정도는 다 있다. 이는 우리가 도덕의 원리에 의해 지배되는 초자아의 발달 과정 중에 얻게 되는 것으로, 꼭 병적이고 부정적인 것으로만 볼 수는 없다. 그러나 모든 질병이 그렇듯이 과하면 문제가 될 수 있다. 도덕적 자학증이 지나쳐서 자신의 즐거움이나 행복을 돌보지 않고, 자신을 가치 없다고 생각하며, 죄책감을 씻어내기 위해 힘든 짐을 혼자 뒤집어쓰려 한다면 이는 분명 문제가 된다.

자학적이며 우울한 사람들에게 인생은 짐이다. 그들은 고통을 느껴야 비로소 살아있다는 느낌을 받는다. 그래서 적극적으로 고통스러운 경험을 쫓는다. 자신에겐 행복이란 애당초 허락되지 않은 것이라 생각하는 그들은, 즐거움 속에서 오히려 불안해한다. 이들의 어린 시절을 잘 들여다보면 우진 씨처럼 제대로 된 돌봄을 받지 못하고 만성적인 충격에 노출되어 있었던 것을 볼 수 있다.

우진 씨는 원해서 태어난 아기가 아니었다. 더구나 그 아기 때문에 어머니는 싫은 결혼생활을 지속해야 했다. 어디서도 환영받지 못했던 아기, 이것이 어린 우진 씨의 모습이었다. 어머니는 우울증에 빠져 우진 씨를 제대로 돌보지 못했을 뿐 아니라, 외할머니는 어머니의 불행을 아무것도 모르는 어린 손자 탓으로 돌렸다.

갓 태어난 신생아도 울음을 통해 적극적으로 어머니의 반응을 유도한다. 이때 어머니의 따뜻한 스킨십과 사랑이 아닌, 무시와 짜증이 돌아오게 되면 아기는 이 경험을 토대로 세상을 받아들이고 자아관을 형성해간다. 즉 아무리 노력해도 세상은 반응하지 않고, 외려 자신을 거부한다고 생각한다. 그러니 세상은 즐겁기는커녕 무섭고 힘겹기만 하다는 인식을 가지게 된다.

성장하는 동안 우진 씨는 세상에 대한 부정적인 시각과 더불어 자신에게 어머니의 불행에 대한 책임이 있다고 느끼게 되었다. 이러한 생각은 외할머니에 의해 더 강화되었다. 외할머니는 늘 "너 때문에 네 엄마가 이렇게 힘들고 불행하다.", "너만 태어나지 않았어도 네 엄마는 행복하게 잘 살았을 것이다."라고 말했다.

우진 씨처럼 제대로 된 돌봄을 받지 못하고 만성적인 충격에 노출된 아이는 스스로를 무자비하고, 무엇이든지 파괴할 수 있으며, 부모의 생동감을 훔쳐 없애 버리는 나쁜 아이로 여기게 된다. 아이는 어머니와의 관계에서 자신을 마치 남의 삶과 행복을 좀먹는 기생충 같은 존재로 느끼게 되며, 자신의 존재가 부담스러워진다. 더구나 아이의 내부에 있는 분노는 그의 죄책감을 자극하여 자신을 더 나쁜 존재로 여기게 한다. 그는 사랑을 얻기 위해, 그리고 자신이 저지른 죄의 사함을 받기 위해 자기의 인생에서 즐거움을 제거해버리고 힘든 일을 찾아 나선다.

아이에게 부모는 희생자일 뿐만 아니라 공격자이기도 하다. 아이는 부모가 괴로워하는 모습을 자신을 질책하고 비난하는 것으로 받아들인다. 이제 아이는 희생자와 공격자로서의 부모를 동일시한다. 그의 무의식에서는 세상에서의 즐거움을 거부함으로써 부모를 거부하고, 자신에겐 부모의 사랑이 필요 없다고 항변한다. 즉 부모가 사랑을 주지 않는 것은 자신이 나빠서가 아니라, 자기가 사랑을 원하지 않았기 때문인 것이다. 이것은 자학적인 사람들이 갖는 전지전능함의 환상이다. 어쩌면 이는 그들 나름의 살아남는 방식일지도 모른다.

어릴 적 반복적인 학대나 상처를 경험한 사람들은, 고통을 사랑으로 받아들인다. 즉 다른 사람이 자신에게 주는 고통을 관심과 애정의 표현이라고 생각하는 것이다. 아무도 없이 철저히 버림받는 것보다는 누군가 옆에 있어 괴롭힘을 당하는 편이 차라리 낫기 때문이다. 더구나 앞서 말한 것과 같이 그 고통 또한 자신의 의지로 선택한 것이라는 전지전능함의 환상을 가짐으로써, 그는 그가 당한 고통과 버림받는 것에 대한 두려움으로부터 스스로를 보호한다. 즉 그는 '모든 고통을 견뎌내는' 남들보다 우위에 있는 사람이 되는 것이다.

"당신은 충분히 행복해질 자격이 있어요"

우진 씨의 치료는 쉽지 않았다. 많은 우울성 인격의 사람들이 치료에 저항한다. 자신은 좋아지고 행복해지면 안 되는 사람이라는 믿음이 그들이 나아지는 것을 방해하기 때문이다. 심지어 치료과정이 진행되어 갈등이 해결될 만하면 오히려 증상이 나빠지는 경우도 있다. 이를 '부정적 치료반응'이라 한다. 지나치게 엄격하고 도덕적인 초자아가 그에게 고통으로부터 탈출할 여지를 주지 않는 것이다.

고통을 통해서만 숨 쉴 수 있는 사람들, 고통을 통해서만 즐길 수 있고 살아있음을 느낄 수 있는 사람들, 그들을 고통의 세계에서 나올 수 있도록 도와주는 길은 무척이나 험난하다. 왜냐하면 그들이 살아왔던 생활의 틀과 자신에게 부여한 존재의 의미를 송두리째 바꾸는 일이기 때문이다.

어찌 보면 이 과정에서 자신이 아무것도 아닌 것처럼 되어버리지 않을까 하는 불안이 엄습하기도 한다. 그러나 그 과정을 지나면 살아있는 세상의 생동감을 만나게 된다. 이제 고통도 슬픔도 기쁨도 즐거움도 행복도 모두 자기의 것으로 생생하게 느낄 수 있게 되는 것이다. 이를 위해서는 이들의 가혹한 초자아가 그 두려움을 버리고, 융통성 있고 허용적인, 현실적인 초자아로 모습을 드러낼 수 있도록 해야 한다.

타인을 돌보듯이 자신을 돌보는 것. 다른 사람을 용서하듯이 자신을 용서해주는 것. 이것이 그들이 고통의 세상에서 벗어나기 위한 출발점이다. 스스로와 화해하고 용서함과 더불어 나도 남들처럼 행복하고 즐거울 수 있다는 것을 인정해야 한다.

행복은 우리의 권리다. 설령 어릴 적 행복하지 못했던 불행한 기억이 있더라도 그건 자신의 잘못이 아니다. 그렇다고 그것을 누구의 잘못이라 탓만 할 수도 없다. 어차피 인생이란 여러 가지 이해 못할 일들이 일어나는 불가사의한 곳이기도 하니까. 그러나 그 일들을 극복하고 행복을 찾는 것은 바로 나에게 달려있다. 고통을 느낄 수 있다면 그것은 행복도 느낄 수 있는 능력과 가능성이 있음을 의미한다.

탈 대로 다 타버려,
아무것도 남지 않은 당신에게

/

번아웃 증후군

출근하는 것이 끔찍하게 싫은 날이 있다. 이불을 둘둘 감고 조금만 더, 조금만 더 하며 버티다 시계를 확인하곤 화들짝 놀라 출근 준비를 시작한다. 일주일에 두세 번은 찾아오는 불면증 때문에 밤새 잠을 설치고 새벽이 되어서야 겨우 눈을 붙인 것 같다. 몸이 피곤하니 만사가 귀찮고 친구나 가족들에게 괜히 예민해져서 짜증만 낸다.

한국인의 90%는 주로 월요일 아침에 이러한 증상을 경험한다. 흔히 말하는 번아웃 증후군을 겪게 되는 것이다. 번아웃 증후군은 공식적인 진단은 아니다. 급성 스트레스 장애와 적응장애, 가벼운 우울증이 적당히 섞여 있는 증상을 말한다.

9호선 급행열차에 겨우겨우 몸을 구겨 넣고 출근한 탓에 회사에 도착하기도 전에 진이 다 빠져 버렸다. 주중엔 정신없이 움직이다 보니 내가 사라지고, 주말엔 밀린 집안일을 하느라 쉬어도 쉰 것 같지 않게 몸이 무겁다. 하루하루가 숨 가쁘게 바쁘지만 한 편으론 너무 지겹고 반복적이라 즐거움이라곤 없다.

저마다 표현은 다르지만 증상의 공통점은 '메말랐다, 에너지가 바닥났다, 더는 버틸 수 없을 것 같다.'는 것이다. 탈 대로 다 타버리고 아무것도 남지 않은 탈진의 상태에서 몸은 끝도 없이 바닥으로 가라앉고, 신경은 한 올 한 올 예민해져서 날카로운 칼처럼 타인을 찔러댄다.

열심히 잘 하려는 함정에 빠진 '번아웃 증후군'

번아웃 증후군은 목표나 야망이 크고 이를 이루기 위해 전력을 다해 달리는 사람에게서 주로 나타난다. 물론 개인적인 특성이 아니더라도 사회가 열심히 달리지 않을 수 없게 사람들을 몰아가고, 노동량에 걸맞은 충분한 양질의 휴식이 주어지지 않으니 잠재적인 번아웃 증후군들이 많이 생겨나는 추세다.

번아웃 증후군이 생기는 이유에 뇌과학적으로 접근한다면, 우리 몸의 에너지원인 도파민과 만족을 담당하는 보상회로의 이상, 혹은 스트레스 호르몬인 코티솔의 불균형 때문이라고 설명할 수 있다. 쉽게 말하면 내가 너무 지쳤다는 걸 인지하지 못한 상태로 일을 계속한다거나, 혹은 지쳤다는 사실을 알지만 일을 계속할 수밖에 없는 상황일 때 생기는 증상이다. 즉, 내 체력의 한계를 넘어 일을 계속할 때에 발생할 수 있는 증상이다.

"열심히 일한 당신, 떠나라!"는 유명 광고의 카피처럼, 보통은 이런 경우 주위에선 여행이나 휴가 등을 권한다. 그런데 이는 그다지 현실적인 조언이 아니다. 경제적으로 왕성한 활동을 하는 30~40대들은 기껏해야 1년에 평균 4~5일 정도의 휴가를 간다고 한다. 더군다나 부양가족, 자녀가 있는 사람이나 워킹맘들은 그 시간마저도 또 다른 의미의 노동에 시달려야 한다. 그러니 1년에 한두 달씩 여유 있게 하와이나 발리 같은 조용한 휴양지에 갈 수 있는 극소수의 사람을 제외하면 여행이나 휴가는 근본적인 해결책이 될 수 없다.

우리는 스스로 지친 걸 알면서도, '남들도 다 그런데 뭐, 힘들지만 어떡해, 월급 때문에라도 출근은 해야지.'라며 번아웃의 신호를 애써 무시하곤 한다. 이렇게 내가 너무 지쳤다는 사실을 모른척하거나 무시하면 우리의 몸과 마음은 눈치 없는 주인 대신 감정적, 신체적인 신호를 보낸다. 처음 본 사람에게도 언성이 높아지고 날카로워진다거나 사소한 일에도 싸움닭처럼 예민하게 행동하는 일이 생긴다. 오늘 누구 한 명만 걸려라, 나 한 번 건드리기만 해보라며 벼르게 되는 것이다.

또한 미팅이나 업무를 점점 미루게 되고 거래처나 상사의 연락도 받기 싫어진다. 스트레스가 높아지면 불안과 우울의 감정이 조금씩 생기는데, 이때에는 충분한 휴식으로 세로토닌이 만들어져야 피곤한 뇌와 마음을 달래줄 수 있다. 하지만 번아웃 상태에서는 이것이 불가능하기 때문에 감정은 더 격해지고, 가슴이 화끈거리고, 만성 두통에 과민성 대장염, 변비와 불면증까지 따라온다. 게다가 회복탄력성이 떨어진 상태이기 때문에 주말에 하루 종일 자거나 쉰다고 해도 지친 몸과 마음이 쉽게 회복되지 않는다.

"당신만의 속도를 즐기세요"

많은 자기계발서와 심리학 책에서는 '조급해하지 말고, 쉬면서 진짜 하고 싶은 일을 찾아보라. 다른 사람과 비교하지 말고 소소한 행복에 만족해 보라.'고 말한다. 그러나 몸도 마음도 지칠 대로 지친 사람들에게 공자 왈 맹자 왈과 같은 그 말들은 머릿속에 쉬이 들어오지도 않을뿐더러 마음먹고 마인드 컨트롤을 해보려 해도 생각처럼 쉽지가 않다.

언제부턴가 우리 사회는 성공을 최상의 가치로 여기며 열심히 하는 것, 잘 하는 것, 최선을 다하는 것을 부추기고 있다. 힘들고 지쳐서 쉬고 싶어 하는 사람에게도 기운을 내서 다시 잘 달려보라고 하고, 무언가를 성취해 성공의 기쁨을 즐기려는 사람에게 작은 것에 만족하지 말고 더 큰 것을 향해 서둘러 뛰어가라고 말한다. 천천히 가도 된다고, 쉬어 가도 된다고, 목적지로 가는 과정도 즐겨보라고 말해 주는 사람은 드물다.

번아웃 증후군에서 벗어나기 위해선 내 삶의 핸들은 물론 가속페달과 브레이크도 오롯이 나의 의지로 조정할 수 있어야 한다. 그리고 내가 결정한 삶의 목표를 향해 달려가되 타인의 속도에 연연하지 않고 나의 속도에 맞춰야 한다. 옆 사람의 속도를 따라잡기 위해 덩달아 속도를 올리다 보면 나의 페이스를 유지할 수 없다. 그렇게 한번 속도의 균형감이 깨지고 필요 이상의 과속을 이어가다 보면 탈진을 피할 수 없다.

나의 속도를 유지하기 위해서는 타인의 속도에 연연하지 말아야 한다. 흔히들 인생은 마라톤이라며 지나치게 과속을 하는 등 속도 조절에 실패하면 완주하기가 힘들다고 말한다. 이런 당연한 진리를 알면서도 실수를 하게 되는 것은 나의 속도가 아닌 다른 사람의 속도에 휘말린 채 끌려가기 때문이다.

뚝심 있게 나의 속도를 유지하기 위해서는 타인과 비교하지 말아야 한다. 남들이 빨리 달리든 열심히 달리든 그것은 그들의 속도다. 그렇게 열심히 뛰다 어딘가에서 고꾸라진다고 해서 내가 일으켜줄 것도 아니고, 그들의 페이스에 휘말린 내가 지쳐 쓰러진다고 해서 누구 하나 나를 일으켜 세워주지 않는다. 내 삶은 내 것이니만큼 나의 속도를 즐겨야 한다. 힘들면 쉬어도 되고, 덜 노력하고 덜 열심히 살아도 된다.

물론 타인과 더불어 사는 삶에서 비교하지 않는다는 것은 힘든 일이다. 더군다나 요즘은 휴대폰을 내던져 버리지 않는 한 남들의 성공에 끊임없이 비교당해야 하며, 주말에도 마음 편히 쉴 수 없다. 친구가 강남의 아파트를 분양받거나 유럽에서 한 달간 놀고 왔다는 소식에 나의 소소한 행복은 어디론가 사라지고 한숨이 나오기 마련이다. 돈을 더 많이 벌려면 지금보다 더 열심히 일해야 하나? 나의 가치를 인정해주는 직장으로 이직을 해볼까? 빤한 월급쟁이 생활을 관두고 아예 창업을 할까? 요가나 필라테스를 시작하면 어떨까, 그림을 그리거나 악기를 하나 다룰 줄 알면 내 일상이 좀 더 뿌듯하고 보람이 있을까? 어떻게 하면 지금처럼 쫓기지 않고, 좀 편하고 행복하게 살 수 있을까를 물었더니 아이러니하게도 좀 더 열심히, 부지런히 달려보라는 답이 돌아온다.

나의 속도를 유지하기 위해선 조금 이기적으로 살 필요가 있다. 번아웃 증후군에 시달리는 사람들과 얘기해 보면 정말 바쁘게 멀티플레이어로 사는 사람들이 많다. 김 과장은 지영이 아빠이면서 고등학교 동기 모임의 총무이면서 아파트 동대표에 다정한 남편, 살가운 사위 역할까지 하고 있다. 황 대리는 수민이의 엄마이면서 봉사모임의 총무이자 애교 많은 막내며느리, 두 살 연하의 남편에겐 누나와 같은 포근한 아내 역할까지 하고 있다. 칭찬까지는 아니더라도 최소한 욕이라도 안 얻어먹으려면 온종일 에너지를 짜내며 동동거려야 한다.

맞벌이가 필수가 된 시대에 가정과 일, 육아 등을 지치지 않고 해내려면 우선 나부터 잘 챙겨야 한다. 평소에도 에너지가 방전되지 않도록 페이스 조절을 잘 해야 하지만 특히 몸과 마음이 힘들다는 신호를 보내면 모든 것을 제쳐두고 휴식과 재충전을 해주어야 한다. 모든 게 귀찮고 의욕이 안 생기는 번아웃 시기에는 내가 이제껏 잘 조절하고 감당해오던 것들의 균형을 유지하는 일이 불가능하다. 자신이 다 무너지고 메말랐는데, 우울하고 도망가고 싶다는 생각뿐인데 어떻게 타인과의 관계와 역할에 충실할 수가 있겠는가. 그러니 이럴 때 억지로라도 관계의 중심에서, 나의 역할에서 잠시 빠져나와 오롯이 나를 돌보며 쉬어야 한다.

명상이나 평소에 미뤄두었던 취미에 빠져서 보내는 시간은 비록 그게 몇 시간에 불과하더라도 나에게 정말 쉼다운 쉼, 휴식 같은 휴식을 선물해 준다. 아예 다 놓아버리기가 정말, 정말 어렵다면 제일 중요한 일 한두 가지만 해버리고 나머지는 내버려 둬보자. 그런다고 결코 큰일이 일어나지 않는다. 오히려 서운할 정도로 세상은 여전히 평온하고, 여전히 잘 굴러간다.

쉬어도 쉬는 게 아닌
당신에게

/

만성피로 증후군

웃어도 웃는 게 아니라는 유행가 가사처럼 쉬어도 쉬는 게 아닌 사람들이 있다. 분명 몸은 소파에 기대거나, 침대에 누워 편안히 쉬고 있는데 어쩐 일인지 머릿속은 일을 할 때보다 더 복잡하고 분주하다. 마치 야간작업을 하는 공장처럼 늘 윙윙거리는 소리가 끊이질 않고, 불현듯 해결하지 못한 일이 떠오르면 입술이 바짝바짝 마르고 손에서 진땀이 나기까지 한다. 복잡한 생각들을 향해 애써 '그만!'을 외쳐 보지만 말처럼 쉽지가 않다. 할 수만 있다면, 어지러운 머릿속에서 탈출해 저 멀리 도망치고 싶을 정도다.

현대 사회는 사람을 가만히 두질 않는다. 일이 많아서 몸이 바쁜 것도 있지만 무엇보다 마음과 머리가 편히 쉬질 못한다. 끊임없이 밀려드는 자극은 우리의 신경을 좀처럼 쉽게 내버려 두지 않는다. 지난 주말 부모님과 통화하며 퉁명스럽게 했던 말들이 일주일 내도록 명치끝에 묵직한 덩어리로 매달려있다. 아침 출근길에 아내와 사소한 말다툼을 한 것도 삼키다 만 쓴 알약처럼 계속해서 머릿속에 쓴맛을 퍼뜨리고 있다.

어디 그뿐인가. 현재 진행 중인 팀 프로젝트가 별다른 진전을 보이지 않는 것도 마치 내 잘못인 양 미안하고, 최근 들어 점점 더 짜증스러워진 상사의 태도도 무척이나 신경이 쓰인다. 그 외에도 알게 모르게 치르게 되는 동료들과의 경쟁, 마음을 불편하게 하는 사소한 감정들, 해결해야 할 자질구레한 일들이 항상 머리를 무겁게 찍어 누르는 듯하다. 몸이 피곤한 건 쉬면 회복이라도 되련만, 날카로워진 신경은 좀처럼 무뎌질 줄을 모른다.

머리부터 발끝까지 온몸이 아프고 피곤한 선영 씨

7살 딸아이를 양육하는 35살 선영 씨는 1년 전부터 쉽게 피곤함을 느끼곤 했다. 근력이 약해져서 그런가 싶어 운동을 해봐도 항상 몸이 무겁고 찌뿌둥했다. 제사나 명절 등의 큰일을 치르고 난 이후에는 크게 앓아눕는 일도 잦아졌다. 그러던 것이 6개월 전 감기를 심하게 앓고 난 이후부터는 온종일 몸이 무너져 내리는 극심한 피로감에 시달리게 됐다.

퇴근하고 집에 오면 곧바로 침대에 누워서 꼼짝할 수 없을 정도로 몸이 무거웠고, 집안일은 아예 엄두도 못 냈다. 잠시 쉬었다가 간신히 딸의 저녁을 차려주곤 다시 침대에 드러눕지만 어깨는 항상 돌덩어리가 짓누르는 것처럼 무거웠고, 몸은 마치 망치로 두드려 맞은 것처럼 곳곳이 아팠다.

뿐만 아니다. 머리는 꽉 끼는 철모자를 쓴 것처럼 조이는 듯이 무겁고 아팠으며, 감기 기운이 있는 것처럼 목도 까끌까끌한 느낌이었다. 소리에도 예민해져서 TV 소리는 물론이고 사랑하는 딸의 말소리에도 짜증이 날 때가 있었다.

직장에선 종종 머릿속에 안개가 낀 것처럼 몽롱하고 집중도 잘 안 되는 데다, 숫자를 계산할 때에는 도중에 맞춰 놓은 답을 잊기도 하고, 건망증이 심해져서 물건을 잃어버리는 일도 잦았다.

온종일 몸이 납덩이처럼 무겁고 피곤한데도 밤에는 잠을 설치는 날이 늘었고, 아침이면 마치 지옥에라도 끌려가는 것처럼 일어나기가 힘들게 느껴졌다. 급기야 조금만 뭘 해도 금방 피곤해져서 일하는 중간중간에 꼭 쉬어야 하더니, 점차 말하는 것조차 힘들어져서 누구와 한 시간 이상 대화를 하고 나면 진이 다 빠져버렸다.

"일이 너무 힘든 게 아니냐며 주위에서 직장을 쉬어보길 권하더군요. 그런가 싶어서 직장을 그만두고 쉬어보기도 했어요. 그런데 웬걸요. 직장을 나가지 않는데도 온종일 극심한 피로감에 움직일 수가 없었어요."

선영 씨는 혹시 간이나 갑상샘 등에 문제가 있는 게 아닌지 염려되어 병원에 가서 검사도 받아 보았지만 아무런 이상이 없었다. 운동

부족과 신경성이라며 운동을 해보라는 의사의 권유에 따라 꾸준히 운동도 해봤다. 하지만 피로감만 더욱 심해질 뿐 도통 나아질 기미가 보이지 않았다. 몸이 허약해져서 그런가 싶어 보약도 먹어 보았지만 별다른 효과가 없었다. 보다 못한 남편은 선영 씨에게 꾀병을 부리는 것이 아니냐며 핀잔을 주기도 하고, 심지어 짜증을 내기도 했다.

선영 씨는 공공기관에서 민원 업무를 담당하고 있었다. 평소 내성적이고 소심한 데다 거절을 못하는 성격이다 보니 누가 부탁만 하면 이것저것 다 해결해 주고 들어주기 일쑤였다. 덕분에 그녀는 동료들과 민원인들 사이에서 친절하고 착실하다고 정평이 나 있었다.

병원에 왔을 때 선영 씨는 창백하고 마른 얼굴에 기운이 하나도 없어 보였다. 목소리도 작은 데다 자신감 없이 웅얼거려, 말을 하는 것 자체가 힘겹게 느껴졌다.

"살면서 딱히 편했던 적은 없어요. 그런데 작년엔 유독 많이 힘들었어요. 몸도 마음도…."

선영 씨는 작년에 직장에서 승진 문제로 스트레스가 무척 심했는데, 결국 승진에서 밀려나 좌절감이 컸다. 게다가 아이를 봐주던 친정어머니가 허리를 다쳐 시어머니가 아이를 봐주면서 집안 살림에 일일이 간섭하기 시작했고, 덕분에 퇴근하고 집에 와도 긴장을 늦출 수가 없었다. 그렇지 않아도 몸이 약했는데 온종일 긴장 상태로 지내니 점차 피로가 쌓였고, 결국 6개월 전에 심한 감기몸살을 앓은 이후부터 온종일 극심한 피로감을 느끼는 증상이 나타나기 시작했다.

몸은 천근, 머리는 만근인 '만성피로 증후군'

피로는 크게 몸의 피로와 마음의 피로로 나눌 수 있다. 적당한 육체적 피로는 우리에게 활력과 행복감을 준다. 뭔가를 해냈다는 성취감과 왕성해지는 식욕, 깊은 수면, 그리고 다가올 휴식에 대한 기대 등은 우리에게 살아 있다는 생동감과 의욕을 북돋아 준다. 하지만 몸이 견뎌내지 못할 정도의 과도한 육체적 피로는 고통이 되고 병이 된다. 그러므로 반드시 피로감이 쌓이지 않도록 몸의 신호에 충실하게 따르며 적당한 휴식을 취해주어야 한다.

육체적인 피로감보다 더 문제가 되는 것은 정신적 피로감이다. 육체적인 피로감은 큰맘 먹고 며칠 푹 쉬면 다시 나아질 수 있지만 정신적인 피로감은 쉰다고 해결될 일이 아니다. 더군다나 정신적 피로감이 심해지면 육체적인 피로로 이어지게 된다. 항상 머릿속을 떠나지 않는 근심 걱정, 이러다 뒤처질지도 모른다는 초조감 등은 휴식시간은 물론이고 잠을 자는 중에도 우리를 뒤척이게 한다. 그리고 이러한 만성적인 스트레스가 지속되면 우리의 몸과 마음은 피로에 지쳐 병이 들게 된다.

원인이 분명하지 않은, 임상적으로 설명할 수 없는 피로감이 6개월 이상 지속되거나 재발되는 경우에 의학적으로 '만성피로 증후군'이라고 진단한다. 만성피로 증후군을 앓는 사람들은 피로감으로 활동력이 떨어지는 것 외에도 기억력이나 집중력이 저하되고, 목이 붓고, 목 주위의 임파절이 붓는 것같이 아프기도 한다. 또 근육통과 관절통이 나타나고, 머리가 아프고 마치 안개가 낀 것처럼 멍한 느낌이 오며, 잠을 자도 개운하지 않고, 조금만 뭘 해도 금세 피로해지는 걸 느낀다.

만성피로 증후군은 1,000명 중 한 명꼴로 나타나는 증세로, 20~40세 사이에서 많이 나타나며, 남자보다 여자가 2배 이상 많다. 이 병의 원인은 바이러스 감염, 면역력의 감소 등 여러 가지 가설들이 제시되고 있다. 아직 확실하게 밝혀진 것은 없으나 최근 들어 스트레스의 중요성이 점차 부각되고 있다.

만성피로 증후군 환자들은 사춘기 이전에 불안정한 경험을 한 적이 많으며, 이로 인해 자극에 민감하게 반응하게 되어 통증과 관련된 물질의 분비가 많아진다. 그 결과 다른 사람은 거뜬히 견뎌내는 사소한 자극에도 민감하게 반응해 신체적인 고통을 느끼게 되는 것이다.

또한 이들은 스트레스에도 무척 민감하게 반응한다. 적당량의 스트레스는 우리를 준비시키고 발전시키는 원동력이 될 수 있다. 그러나 만성피로 증후군 환자들처럼 세상에서 받는 수많은 자극들이 두렵고, 그것에 잘 대처할 수 없다는 무기력감이 클 경우엔 사소한 스트레스도 눈덩이처럼 커져서 고통으로 다가온다. 이들에게 세상은 너무나 두려운 곳이며 근심과 걱정으로 꽉 차 있는 곳이다. 그러니 항상 긴장 상태로 지내게 되고, 스트레스의 강도나 지속시간이 보통의 사람들은 상상할 수 없는 수준에 이르게 된다.

오랜 시간 만성적인 긴장과 고통에 시달리면 몸과 마음이 피폐해질 수밖에 없다. 좀 쉬면 나아지지 않을까 생각할 수도 있지만, 만성피로 증후군을 앓는 사람들이 느끼는 피로는 과로로 인한 것이 아니기에 휴식을 취한다고 해서 개선되지 않는다.

만성피로 증후군은 상당히 괴로운 병이다. 아무리 검사를 해도 별다른 이상이 발견되지 않고, 좋다는 약을 다 써 봐도 별 효과가 없으니 주변의 이해조차 받지 못하게 된다. 그러나 환자들의 증상은 상상이 아닌 진짜 통증이다. 그들이 진짜로 아프고 피곤하다는 것을 인정해주는 것이 치료의 첫 시작이다.

몸의 고통과 피로감을 덜어주기 위해서는 우선 근육통이나 관절통을 경감시켜주는 약물을 처방하고, 그들이 할 수 있는 범위 내로 일을 줄여 주어야 한다. 그리고 적당한 운동을 처방해서 체력의 회복을 돕고 스트레스도 줄여줄 필요가 있다.

만성피로 증후군 환자의 80%가 주요 우울증의 소견을 보이지만, 이것이 만성피로에 의한 이차적인 우울인지 분명하게 구분되지 않는다. 그러나 무엇보다도 중요한 것은 이들이 자신은 자각하고 있지 못할지라도 우울증을 경험하며, 그 증상의 밑바닥을 파보면 어린 시절의 우울이 깊게 자리잡고 있다는 점이다.

우울증의 소견이 보일 경우에는 항우울제나 항불안제가 도움이 되기도 하는데, 그 효과가 한시적이라 적절한 심리치료를 병행하며 증상을 호전시켜 나가야 한다. 그리고 환자들끼리 도움집단을 형성하여 서로 정보를 교환하고 경험을 공유하며, 격려하고 희망을 불어넣어주는 것도 증세의 호전에 큰 도움이 된다.

"묵은 우울을 털어내야 몸이 가벼워져요"

"나는 이렇게 금방이라도 무너질 듯이 피곤하고 아픈데 왜 다들 내가 엄살을 부린다고 생각하죠?"

선영 씨는 가족이나 친구들이 자신을 이해하지 못하고 자신의 아픔을 엄살과 꾀병으로 여기는 것에 대해 분노와 좌절감을 느끼고 있었다. 그리고 병원에서도 분명한 이유를 찾아내지 못하고 무조건 신경성으로 돌려버리는 것에 화가 나 있었다.

선영 씨를 위해서는 가족의 이해와 협조가 필요했기에 가족 면담을 시행했다. 나는 선영 씨의 가족들에게 그녀의 증상이 상상이 아니라 진짜로 아픈 것임을 설명하고, 선영 씨의 상태를 자세히 설명해주었다. 그리고 과하지 않은 적절한 운동과 규칙적인 휴식이 필요하다고 말했다.

가족 면담 이후 남편의 태도가 조금 달라졌다. 선영 씨에게 더 이상 꾀병이라며 핀잔을 주지 않고 집안일도 도와주기 시작했다. 이런 작은 변화만으로도 선영 씨는 아픈 것이 훨씬 가벼워지는 것을 느낄 수 있었다.

"딱히 우울한 것도 아닌데 그렇다고 즐거울 것도 없어요. 그냥 내 삶에 아무런 느낌이 없어요."

가족들의 이해와 협조를 유도함과 동시에 선영 씨에게 의학적인 처방도 함께 시도되었다. 그녀는 상담에서 명백한 우울 감정을 호소하지는 않았다. 그러나 매사에 무기력하고 아무 즐거움도 느끼지 못하며, 자신감이 없고 앞으로 어떻게 살아야 할지 모르겠다는 무희망감을 호소했다.

그녀의 만성피로 증후군 증세의 기저에 우울증이 깔려있을 것으로 짐작되어 항우울제를 처방했다. 그리고 오랜 시간 자신을 억누르고 살면서 내재된 갈등이 많을 것으로 짐작되어 정신치료를 시작했다.

"제 삶에는 큰 문제가 없어요. 제 하루하루도 남들과 비교할 때 그렇게 피곤을 느낄 만큼 힘들진 않아요. 30대 맞벌이 부부들이 다들 그렇듯이 회사에 가고 집에 와선 소소한 집안일을 할 뿐이죠. 제가 이토록 피로감을 느끼는 것은 아마도 제 몸에 문제가 있거나 체력이 약하기 때문일 거예요."

정신치료를 하는 처음 몇 주 동안 선영 씨는 주로 본인의 육체적인 문제만을 호소했다. 그러나 면담이 진행되면서 점차 마음속에 있던 슬픔이 하나씩 풀려 나오기 시작했다. 무심한 남편과 시집으로부터 오는 압박감과 외로움, 회사일과 집안일을 병행하면서 힘들었던 점들에 대한 이야기를 봇물 터지듯이 풀어놓았다. 이를 통해 그녀는 그동안 자신이 힘들 수밖에 없었다는 것을 인정하기 시작했다.

선영 씨는 점차 어릴 때의 기억도 이야기하기 시작했는데, 항상 힘들다는 말을 입에 달고 살며 아이들의 양육에 소극적이었던 어머니에 대한 기억을 되살렸다. 어머니는 내성적이고 소극적인 성격으로 항상 집안일을 힘들어했고, 아버지는 그런 어머니를 무시했으며, 집안의 모든 일을 다 관장했다.

선영 씨는 2녀 1남 중 장녀였다. 어머니는 딸들에게는 무심한 편이었지만 막내인 남동생에게는 지극정성이었다. 선영 씨는 어릴 때부터 잔병치레가 잦았는데, 어머니에게 살가운 간호를 받아본 기억이 없다. 딸이 몸이 아파도 귀찮아하고 짜증만 내었던 어머니, 딸의 공부에는 관심도 없고 잘못을 해도 야단도 안 치던 어머니에 대한 애증의 감정이 튀어나오면서 선영 씨는 처음으로 눈물을 보였다.

이런 어머니에 비해 아버지는 자식들의 문제에 과잉 반응을 보였고, 자식들의 모든 문제를 관장하려 했다. 선영 씨는 당연히 아버지에게 매달릴 수밖에 없었으며, 관심과 인정을 받기 위해 열심히 공부해 항상 상위권의 성적을 유지했다. 그러면서도 언제까지 이렇게 좋은 성적을 유지할 수 있을지에 대해 늘 염려하며 불안해했다.

"엄마를 미워하고 아빠에게 인정받으려 애를 썼지만 그럴수록 항상 뭔가 허전하고 공허했어요."

이야기를 진행하면서 선영 씨는 아버지가 자식들과 어머니의 사이를 가로막고 있었다는 사실을 깨닫기 시작했고, 자신이 어머니를 몹시도 그리워했음을 인정했다.

이러한 과거의 회상을 통해 선영 씨의 무표정하고 지친 듯한 얼굴에 감정들이 되살아나기 시작했다. 과거의 자신이 얼마나 힘들었고 외로웠으며 화가 나 있었는지를 다시 느끼게 되면서 선영 씨는 면담 중 울음을 터뜨렸고 깊은 내면의 우울을 마주했다. 반면에 이러한 감정을 쏟아낼수록 신체적인 증상은 점점 더 가벼워지고 있었다.

물론 선영 씨는 상담치료 이후에도 만성적인 피로감과 근육통 등을 호소했다. 그러나 그 고통이 더이상 그녀를 무기력하게 만들지는 않았다. 그리고 무엇보다 크게 변화한 것은, 선영 씨가 더는 자신의

Kim haenam

89

신체적 증상을 두려워만 하지 않는다는 점이다. 오히려 자신의 신체적 증상에 적응해서 생활을 조절할 수 있고, 이에 따라 증상도 조절될 수 있다는 자신감을 회복했다. 선영 씨는 지금도 조심스럽게 자신의 몸과 마음을 돌보고 있다. 그리고 이제 자신감을 찾고 자신이 하고 싶은 일을 할 수 있으리란 희망을 조금씩 품고 있는 중이다.

그러거나 말거나, 지구는 멸망하지 않는다

아무리 커다란 고통과 슬픔이라도 인간에게는 그것을 이겨낼 수 있는 힘이 있다. 스스로에 대한 믿음과 자신감은 모든 병을 이겨내는 기초가 된다. 만성피로 증후군도 마찬가지다. 가족이나 주위 사람들의 공감과 지지와 더불어 환자 본인의 의지가 매우 중요하다.

만성피로 증후군 환자들의 가장 큰 문제는 자신의 주변에서 일어나는 일들을 두려워하고 공포를 느낀다는 것이다. 그리고 공포는 곧 피로의 원인이 된다. 공포스러운 환경에서 우리는 긴장할 수밖에 없고 피로해질 수밖에 없다. 그러나 차분히 생각해보면, 그것은 그렇게 무서워할 일이 아니란 것을 알게 된다.

업무를 꼼꼼히 처리하지 못해 직장 상사에게 혼이 났다고 해서 그 일로 내가 죽거나 지구가 멸망하는 것은 아니지 않나. 게다가 그깟 일로 상사가 나를 직장에서 해고할 수도 없다. 냉장고 정리가 허술하고 현관이 엉망이라고 해서 시어머니가 내게 해를 끼칠 수는 없다. 나를 집에서 내쫓겠는가, 이혼을 시키겠는가. 내 삶을 흔들어 놓을 만큼의 공포스러운 상황은 생각만큼 그리 쉽게 일어나지 않는다.

게다가 걱정을 한다고 해서 문제가 해결되지도 않는다. 어떤 일이 닥쳤을 때 지나친 걱정은 오히려 문제 해결을 어렵게 만든다. 그 일은 그 일에 국한해서 생각하고 풀려고 하고, 다른 것들과 연관 지어서 복잡하게 생각하지 않으려는 노력 또한 중요하다. 그리고 그 일이 풀리지 않았다 할지라도 집에 와서는, 혹은 쉬는 시간에는 그 일을 잊어버려야 한다.

이미 회사에서 벌어진 일을, 더는 돌이킬 수 없는 문제에 관해 퇴근 후 소파에 앉아 생각을 한들 무슨 뾰족한 수가 있겠는가. 차라리 그 시간만큼은 소파에 몸과 마음을 맡기고 휴식을 취하는 것이 낫다. 걱정을 달고 다니면 우리는 쉴 수도 없고 숙면을 취할 수도 없게 된다. 오히려 모든 생각의 고리를 끊고, 충분한 휴식을 취한 뒤에 맑아진 머리로 일과 마주하면 문제의 해결이 더 쉬워진다.

때론 '일이 안 풀린다고 지구가 망하나?'하는 배짱도 필요하다. 그런 태도로 우리 자신을 쉬도록 내버려 두어야 한다. 만성적인 피로가 우리의 몸과 마음에 축적되지 않도록 하는 것, 이것이 만성피로증후군으로부터 우리 자신을 지키는 길이다.

'나'의 행복이 아닌
'타인'의 관심으로 사는 사람들

허언증

남의 눈으로 세상을 사는 사람들이 있다. 지나고 나면 다시는 오지 않을, 한 번뿐인 시간과 한 번뿐인 삶인데 그들은 나의 눈이 아닌 타인의 눈으로 자신의 삶을 평가하고 행복을 느끼려 한다.

그들은 친구나 연인, 가족과 함께 하는 식사자리에서 "잠깐!"을 외치며 휴대폰의 카메라 버튼을 눌러댄다. 맛있는 음식을 먹는 쾌감은 물론이고 소중한 사람들과 함께하는 행복감조차 뒤로한 채 그들은 타인에게 보여줄 꾸며진 이미지에 집중한다. 심지어 덕지덕지 거짓을 덧칠하면서까지 삶을 포장하고 멋지게 보이려 애쓴다. 그래야 모두가 나를 부러워하고 인정해 주기 때문이다.

나의 삶이 아닌 남의 삶을 사는 그들에게 흔히들 '관종'이란 말을 한다. '관종'이란 관심종자의 줄임말로, 타인에게 관심을 받고 싶은 욕구가 병적인 수준에 이른 상태를 말한다. 2010년 이후로 청소년들 사이에서 유행처럼 번지게 된 이 용어는 방송과 언론을 통해 널리 쓰이게 되면서 아예 고유명사화 되었다.

현재는 '관심을 받고 싶어 한다.'는 단어 본래의 의미보다 부정적인, 즉 지칭한 상대방을 놀리고 무시하는 의미로 많이 쓰이고 있으며, 애정결핍과 중2병, 허언증과 같은 단어들과 연관되어 사용되기도 한다.

우리는 원하든 원하지 않든 타인과 자신을 비교하고, 타인의 관심과 주목을 바라는 욕망이 있다. 이것은 인간의 본성인 만큼 바꾸거나 포기하는 일이 쉽지 않다. 게다가 타인과 더불어 사는 삶이니 적당한 수준의 관심은 삶의 활력소가 되기도 한다. 그러나 타인의 관심에 대한 과도한 집착은 자칫 나를 잃어버리게 할 위험이 있다.

현재의 내 모습, 내 위치를 부정하거나 잃어서는 안 된다. 지금의 나를 부끄러워하고 숨기려 하는 것은 자신의 잠재력과 가능성을 인정하지 않고 포기한다는 의미가 된다. 자신의 진짜 모습과 능력을 미처 모른 채 다른 사람의 욕망에, 관심과 평가에 수동적으로 끌려가면서 쫓기듯 살아서는 안 된다. 진정한 행복감은 타인의 평가나 관심이 아닌 나 스스로의 만족감에서 비롯되기 때문이다.

좋아요와 댓글에 울고 웃는 명훈 씨

명훈 씨는 페이스북에 점심을 먹는 사진과 함께 간단한 일상의 글을 하나 올렸다. 합정동의 유명한 맛집으로, 대기가 길어서 몇 번이나 포기하고 돌아가야 했던 곳인 만큼 반응도 좋을 것이라 예상했다. 물론 '#일상 #합정동직딩 #00스시 #고딩동창' 등 다양한 연결단어들로 해시태그를 다는 일도 잊지 않았다.

3시간이 지난 뒤에 '좋아요'의 수를 확인하는데, 반응이 영 신통치 않다. 방송에도 나온 맛집인데 왜 그럴까? '좋아요'는 겨우 2개인 데다 댓글은 아예 없다. 6시간 후에 다시 확인해 보니 '좋아요'가 겨우 하나 더 늘어 3개가 됐을 뿐이다.

인증샷을 찍으려 머리만 30분을 넘게 만지고, 평소 안 하던 사원증까지 목에 걸고 나왔건만 보람이 없다. 그 사이 친구의 타임라인에 새 글이 떴다. 펀드매니저로 일하는 중학교 동창인데 1시간 만에 '좋아요'가 100개, 댓글이 20개나 달렸다. 똑같이 밥을 먹고 커피를 들고 찍은 사진인데 대체 뭐가 다른 걸까?

친구의 글에 달린 댓글들을 유심히 살펴보니 둘의 차이가 분명하게 보였다. 친구의 글은 수입차와 명품시계, 그리고 모두가 선망하는 대기업의 입사시험 등 충분히 사람들의 관심을 끌 만한 자극적인 내용이었다. 명훈 씨는 3일 후 다시 새 글을 올렸다.

OO전자 1차합격! 새로운 도전 ^^

👍 12   💬 2

└   형, 이직하세요?

└   축하해요, 최종까지 화이팅~

OO전자 2차합격, 최종면접 남았네요,,, 떨린다 ㅎㅎ

👍 25   💬 3   '

└   올~ 명훈이 S사 직원 되는 거야?

└   오빠 대박! 최종 되시면 소개팅하실?

└   형님 끝까지 응원하겠습니다!

> ## ○○전자 최종합격!! 응원해 주신 분들 모두 감사해요~
>
> 👍 72   💬 8
>
> ⌐ 명훈 오빠! 제가 항상 응원한 거 알죠? ^^
>
> ⌐ 너무 축하한다, 나 미팅 좀 시켜주~
>
> ⌐ 형님 축하드립니다, ○○전자라니,,,, ㅋ 지립니다.
>
> ⌐ ○○전자 공채기간 아니라던데,,,,구라 아님?
>
> > ⌐ 누구시죠? 알지도 못하면서 열폭하지 마시죠.
> >
> > ⌐ 열폭은 무슨,,인터넷 찾아봐도 아니던데,,
> >
> > ⌐ 경력직 특채로 뽑힌 겁니다!
> >
> > ⌐ 특채? ㅋㅋㅋ 진짜면 수험표랑 합격메일 인증해봐 못하지?

　그저 관심 좀 끌어보자며 거짓으로 꾸며 올린 글에 누군가 죽자고 덤빈다. 당황한 명훈 씨는 글을 내려야 할지, 이대로 갈 데까지 가며 버텨야 할지 고민 중이다. 그나저나 다들 그렇게 제 모습을 포장도 하고 양념도 치면서 살지 않나? 그냥 그렇게 넘어가면 될 일을 죽자며 따지고 덤비는 건 뭔지, 명훈 씨는 도통 이해가 가질 않는다.

상상의 성에 갇힌 가짜 스타의 '허언증'

'연극성 인격성향, 해리성 기억의 인지 오류, 작화증'

명훈 씨의 진료기록에 적힌 내용이다. 그는 흔히 말하는 '허언증' 환자다. 면담을 진행하면서도 명훈 씨는 신입사원 연수에 참여해야 하니 병원에 자주 올 수 없다거나, ○○전자가 기대했던 것보다는 별로라서 합격은 했지만 입사를 안 할지도 모른다는 말을 했다. 그릇된 자기애와 현시욕* 속에서 명훈 씨는 잘 나가는 대기업 신입사원으로 살고 있었다.

"페이스북 친구가 한 달 만에 100명이나 늘었어요. 음, 이번에 BMW가 대규모 리콜이 된다는데 역시 벤츠를 고르길 잘한 거 같아요. 아! 이번 휴가는 여자친구와 발리를 다녀왔는데 비행시간이 너무 길더라구요."

망상의 사전적 정의는 '병적으로 생긴 잘못된 판단이나 확신'이다. 그래서 망상은 과장과는 달리 '도저히 이해할 수 없는', '비합리적인' 등의 내용이 포함되어야 하는데, 고전적인 예시로 '나는 하느님이다.', '외계인이 내 머릿속에 살고 있다.'와 같은 것들이 있다. 하지만 이러한 극단적인 강도의 내용만 망상으로 분류되는 것은 아니며, 망상이 형성되는 초기 단계에서는 간단한 거짓말과 현실부정 등 훨씬 가벼운 상태로 시작된다.

수학시험에서 70점을 받았는데 엄마에게 혼날까 봐 90점을 받았

---

* 자신의 존재를 과시하려는 욕망

다고 거짓말을 했다고 가정하자. 성적표가 집으로 올 때까지 이 사실을 숨긴다. 엄마가 "진짜 90점 받은 게 맞아?" 재차 물어봤을 때, 조금 떨리지만 "응. 90점이야."라고 대답한다.

'어쩌지. 이제라도 사실을 얘기하고 잘못했다고 할까? 아니야, 거짓말까지 했다고 더 혼날지도 몰라…'

성적표가 도착할 날이 다가오면서 고민은 더 깊어진다. 인정하고 용서받는 일은 까다로워 보이는 반면, 새로운 거짓말이나 변명으로 상황을 모면하는 것은 상대적으로 쉬워 보인다. 고민 끝에 결국 성적표를 빼돌리고 배달되지 않았다고 거짓말을 하거나, 아예 성적을 고치기도 한다.

이런 과정이 여러 번 반복되다 보면 나조차도 헷갈리기 시작한다. 내가 실제로 90점을 받은 것과 다름이 없다는 생각이 들기 시작하는 것이다. 70점을 받은 진짜의 나, 엄마에게 혼날 게 뻔한 나는 무의식 속에 밀어넣은 뒤에 90점을 받은 나, 엄마가 칭찬해주는 나를 의식적으로 진짜라고 믿으려 노력한다. 심지어 누가 "너 90점 아니잖아, 왜 거짓말을 해?"라고 지적하면 그 내용을 반박하고 그 사람을 비난함으로써 상황에서 벗어나려고 하지, 사실을 받아들이려 하지 않게 된다. 나는 90점을 받은 허구의 상황에서만 평온하고 행복할 수 있다고 믿기 때문이다.

명훈 씨도 천천히 ○○전자 신입사원 김명훈을 만들어 냈다. 면담을 진행하며 나는 본인이 만든 허구 속에서 명훈 씨가 잠깐이나마 행복할지, 아니면 현실보다 더 허무하고 외로울지에 대해 생각해 보왔다. 그에게 현실을 인정하고 똑바로 바라봐야 한다고 조언할지, 아니면 자신이 만들어 낸 세상에서, 그 짧은 유예의 기간 속에 좀 더 내버려 두어야 하는 건지를 고민했다. 최소한 그 안에서 명훈 씨는 외롭지 않고 무시당하지 않을 수 있다. 그게 진실이 아니라고 할지라도 말이다.

현실을 받아들이고 우울해질지, 망상 속에서 가짜 행복에 취해 있을지에 대한 선택은 사실 생각보다 훨씬 어렵고 복잡한 문제다. "당연히 현실을 직시해야지!"라고 생각하고 결론을 내리는 것이 보통이겠지만, 그 준비와 타이밍을 세심하게 고려해야 한다. 그렇지 못할 경우, 명훈 씨는 의사가 들이댄 현실을 또다시 부정해 버리고 자신의 세계를 더 공고하게 강화시키는 선택을 할 가능성이 높다. '저 의사가 나를 의심하네? 나를 질투해서인가? 전문의 자격이 안 돼 있군!', '의사가 아닐지도 몰라.'와 같이 망상이 조금씩 더 심해지는 것이다.

관종, 남의 눈으로 자신을 평가하는 그들

관심병과 가장 가까운 의미의 임상 진단은 '연극성 인격장애(histrionic personality disorder)'다. 연극성 인격장애를 가진 사람들은 주변의 관심을 끌기 위해 항상 표현을 과장되게 하며 별 것 아닌 일에도 비명을 지르고 눈물을 흘리며, 마치 월드컵에서 우승한 사람처럼 격렬하게 환호한다.

대인관계 역시 마찬가지인데, 별로 친하지도 않은 친구의 결혼식에서 자기가 신부라도 된 것처럼 펑펑 눈물을 흘리는가 하면, 술 마실 땐 세상에 둘도 없는 최고의 친구라고 떠들어 대면서 어려운 일이 생길 때는 연락을 피하기 일쑤다. 뿐만 아니라 이들은 마치 자신이 드라마 주인공인 것 마냥 행동하고 항상 모든 일에서 관심 받길 원한다. 때문에 화려한 겉모습과 외모를 고집하는 경향이 강하고, 이성에게 주목받기 위해 외모나 성적 매력을 과하게 어필하기도 한다.

이들의 과장된 표현이나 외양과는 달리 그 내면과 감정의 깊이는 무척 피상적이고 얕다. 자신이 주인공이 되지 못하는 경우 급격히 기분이 저하되며, 관심을 받는 다른 사람들을 비난하고 공격하여 어떻게든 관심을 자신에게로 돌리려 한다.

자신이 그렇다 보니 상대를 대할 때도 속마음이나 내면보다는 학력이나 직업과 같은 겉모습과 외모, 물질적인 측면에 과하게 집착한다. 이들의 인간관계는 진실되지 못하고 서로를 깊이 이해하지 못하기 때문에 오래 유지되지 않는 경우가 많다.

연극성 인격장애는 전체 인구 중 3%에 해당되는 사람들이 가지고 있고, 특히 여성에게 많이 나타난다. 물론 연극성 인격장애를 가졌다고 해서 모두 관종인 것은 아니다. 그러한 성향을 가졌다는 정도로 이해하면 된다.

관심병을 앓는 사람들은 자신에 대한 관심에 무척 민감하기 때문에 주변에서 자신을 평가하는 말이나 뒷담화, 비난에도 상당히 예민하며 연극적인 성향을 최대한 드러내지 않으려 애를 쓰기도 한다.

최근에 와서는 남들의 눈치를 상대적으로 덜 보면서도 자신의 연극성 성향을 마음껏 표현하고 발산할 수 있는 수단이 등장했는데,

바로 페이스북과 인스타그램이다. 자신의 계정에 본인의 글이나 사진을 올리는 것만으로 그토록 원하는 관심을 즉각적으로 받을 수 있고, 그 피드백도 실시간으로 확인할 수 있다. 또한 어떤 사진과 글을 올릴지 순전히 내 마음대로 결정할 수 있다. 관종들에게 이보다 좋은 놀이터는 없다.

물론 유감스럽게도 그들을 기쁘게 하는 동시에 슬프고 우울하게 만들 수치의 척도가 존재하는데 그것이 '좋아요'의 숫자와 '인스타그램 팔로워'의 숫자다. 이것은 나에게 향하는 대중의 관심이 어느 정도인지, 내 인기가 어느 정도인지를 적나라하고 잔인하게 전달해 준다.

명훈 씨가 스트레스와 박탈감을 주는 SNS를 차마 끊지 못하는 이유는 무엇일까? 왜 부정적인 감정을 유발하는 관계에도 집착하게 되는 것일까? 소통과 고립, 단절과 외로움, 비교와 열등감이 혼재하는 SNS라는 공간에서 우리는 끊임없이 타인의 삶을 평가하고 평가받고, 드러내고 과시하면서 한편으론 무시당하는 일을 반복한다.

SNS에 집착하는 것, 다른 사람의 눈에 비친 내 모습에 과도하게 열중하는 것, 남들의 평가에 지나치게 예민하고 집착하는 관종과 연극성 인격성향은 일종의 행위 중독으로도 볼 수 있다.

행위 중독이란 직업적, 사회적 손상이나 내성, 금단 증상 같은 부정적인 결과를 뻔히 예상하면서도 특정 행위를 반복하게 되는, 통제력을 잃은 상태를 말한다. 도박이나 게임의 중독, 쇼핑이나 섹스의 중독이 그 종류인데, 다른 사람의 인스타그램에 들어가면 뻔히 질투와 열등감으로 기분이 나빠질 걸 알면서도 차마 인스타그램 어플을

지우지 못하는 것도 이에 해당될 수 있다.

왜곡된 가치관이 만들어 낸 그릇된 비교는 조급함과 불안을 낳고 자신의 현재 상태를 불만스럽게 만든다. 자신의 삶이 가치 있는지에 대한 판단을 타인에게 맡기게 되고, 타인의 관심도가 내 행복의 기준이 되는 것이다. 팔로워와 댓글의 수에 매달리고 휘둘리게 되면 정작 자신의 일상과 해야 할 일에 대한 집중력은 점점 떨어진다. 주의가 산만해지고 무언가를 이루려는 열정 또한 조금씩 사라지게 되면서 내가 원하는, 옳다고 믿는 삶이 아닌 남들이 인정하는 모습, 부러워할 모습에만 집착하고 흉내내려 하게 된다. 조금씩 다른 사람이 되어 살아가게 되는 것이다.

"그래 봤자 다 '남'이에요"

명훈 씨의 '허언증'의 시작은 미미했다. 딱히 대단한 거짓말도, 망상이라고 부를만한 것도 아니었다. 부자인 친구들이 부럽고, 그것에 기죽기 싫어서 그저 약간의 허세를 부린 것 뿐인데, 그것이 반복되다 보니 강도가 세지고 현실과는 점점 더 멀어진 허구의 이야기가 된 것이다.

상상은 언젠가는 깨지기 마련이고 거짓은 결국 들통나기 마련이다. 진실이 드러난 후의 나는 실제의 나보다 훨씬 더 비참하고 못나 보인다. 그런 나와 마주하지 않으려면 누구나 가지고 있는 허영심, 약점을 감추려는 사소한 거짓말들, 자신을 더 못나 보이게 하는 실수들에 대해서 스스로와 솔직히 마주하는 법을 훈련해야 한다. 그리고 무엇보다 현재의 나를 사랑하고 소중하게 여겨야 한다.

있는 그대로의 나와 솔직하게 마주하기 위해서는 남들의 관심이 내 자존감을 올려주지 않는다는 것을 깨달을 필요가 있다. SNS의 댓글이나 좋아요, 친구추가와 같은 반응이 내게 주는 이익은 아주 제한적이고 일시적이다. 팔로워가 10만 명을 넘는다면야 홍보나 광고 제의가 들어오는 경제적인 이득으로 이어지겠지만 그러한 경우는 실제 2%도 되지 않는다. 보통의 사람들은 '좋아요'가 100개 정도 달린다고 해도 그저 내 사진이나 글에 사람들이 관심을 많이 가져주는구나 싶어서 잠깐 기분이 좋아지는 정도다. 200개가 달린다면 좀 더 기분이 좋아질 수는 있을 것이다. 하지만 그것이 내 삶을 바꿔놓지는 못할뿐더러, 관심을 보이는 댓글만큼 악플의 수도 늘어날 것이다.

뿐만 아니다. 칭찬과 호기심의 반응만큼 불쾌한 언급이나 제안을 하는 연락도 늘어나게 될 것이다. 대중은 냉정하고 변덕스러우며 굉장히 피상적이기 때문에 사진과 글에 엄청나게 감동을 하거나 실망을 하지 않는다. '어? 좀 괜찮네.' 싶으면 예의로 혹은 의리로 '좋아요'를 누를 뿐 타인의 삶에 대단히 많은 관심을 보이거나 시간을 쏟지 않는다. 그러니 그들의 반응에 지나치게 즐거워할 필요도 실망할 필요도 없으며, 더군다나 그게 내 자존감의 척도가 되어서도 안 된다.

쓸데없이 과장하여 허세 부리지 않는 삶, 나아가 현재의 내 삶에 감사하고 느리지만 쉼 없이 발전하는 삶을 바란다면 남에게 자랑할 수 있는 겉모습이 아니라 자신의 몸과 내면을 단련해야 한다.

남은 제아무리 영향력이 있어 봤자 남이다. 내 삶의 주체는 결국

나 자신이다. 내 삶을 가꾸고 성장시키기에도 모자란 귀한 시간을 남의 시선을 의식하며 거짓인 나를 꾸미는 데 허비해서는 안 된다. 3km 뛰기, 등산하기, 일기 쓰기, 간단한 요리 만들기 등 내 삶의 작은 도전과 전진을 통해 시선을 외부가 아닌 나 자신에게 돌리고 에너지를 한껏 집중시켜 보자.

그런 사소한 게 무슨 의미가 있을까 싶겠지만 작은 성취감의 축적이야말로 내 삶을 더 생생하게 만드는 방법이며, 화려함만을 좇고 겉모습에 집착하는 삶에서 실제 내 삶으로 돌아오는 가장 확실한 방법이다.

명품이 아니라 내게 실제로 필요한 것, ○○전자가 아닌 내 실제 직장을 존중하고 사랑하는 일, 남에게 자랑할 수 있는 삶이 아닌 나에게 충실하고 진정성이 있는 하루하루를 보내는 것이 정말 중요하다.

비교하지 않으면
행복할까요?

더러는 행복한지 불행한지도 모르게 하루가 바쁘게 휙 지나가요. 그런데 어쩌다 SNS나 모임에서 다른 이의 삶을 엿보게 되면, 불현듯 '아, 나는 행복하지 않구나. 불행하구나!'라는 생각이 들어요.

반짝반짝 빛이 나는 그들의 삶과 비교하면 내 삶은 초라하고 힘겹고 가엽게 느껴지기까지 해요. 남과 비교하지 않으면 행복할까요?

P : 비교는 좋다 나쁘다를 논할 수 없는, 인간의 본능적인 행위 같아요. 어떻게 보면 비교라는 것은 무리 속에서 자기를 확인해 보려는 거잖아요. 남과 내가 어떻게 다른가를 비교하면 분명 그 갭이 생길 수밖에 없는데, 이런 갭으로 인해 생기는 감정은 아주 자연스러운 것이라고 생각해요. 설령 부정적인 감정이 든다고 해도 '비교' 자체의 문제라기보다는 그 갭을 어떻게 받아들이는가에 대한 문제라는 거죠. 어떤 사람은 비교를 통해서 더 발전하고 성공하고 싶은 에너지를 얻을 수 있을 것이고, 또 어떤 사람은 타인과의 비교를 통해 낙담하고 우울해지기도 하죠.

K : 그건 너무 원론적인, 재미없는 답이잖아요. 하하하. 여자가 왜 꾸미고 치장하는 줄 알아요? 여자는 다른 여자보다 더 예뻐 보이기 위해서 자신을 꾸미고 치장을 해요. 물론 남자가 근육을 만들고 남성미를 키우는 것도 같은 이유에요.

우리 인간뿐만 아니라 동물들도 무리 속에서 서로 비교를 하고 더 멋진 모습으로 우위에 서려고 애써요. 그리고 1등인지 2등인지 서열도 매기죠. 동물들이 그것을 통해 행복이나 불행을 느끼는지는 알 수 없지만, 어쨌건 인간은 그러한 비교를 통해서 행복하기도 혹은 불행하기도 해요. 왜 그럴까요? 왜 남들보다 더 우위에 서지 못하면 불행하다고 느낄까요?

질문을 바꿔본다면, 1등을 하는 사람은 정말 행복할까요? 남보다 더 많이 가지고 더 큰 권력을 가지고 더 똑똑하면 정말 행복할까요?

P : 그렇진 않은 것 같아요. 가까운 지인이 미국의 명문대를 수석 졸업했어요. 여성분인데, 석사와 박사 학위도 세계 최고의 대학에서 받았고, 누가 봐도 입이 떡 벌어지는 똑똑한 분이세요. 그런데 정작 본인은 열등감에 시달려요. 비슷한 그룹 중에 자기 아이큐가 가장 낮고, 키나 외모도 그다지 수려하지 않다며 항상 콤플렉스에 시달렸대요. 그래서 자신의 부족한 점을 커버하려 늘 더 열심히 공부하면서 1등을 갈망했다고 해요.

더군다나 결혼을 한 후에도 이혼을 생각할 만큼 남편과의 관계가 최악인데도 선뜻 결심할 수 없는 이유는, 남들의 시선 때문이라고 했어요. 자기를 부러워하던 친구들이 자신을 비웃게 될까 봐 두렵다는 거죠. 거짓으로 연출해서라도 행복한 척하고, 껍데기뿐인 가정이라도 유지해야 친구들에게 비웃음을 사지 않는다는 거죠.

그분을 보면, 다른 사람의 시선에 갇혀서 정작 자신의 불행을 외면해야 하는 딜레마에 빠진 것 같아서 너무나 안타까워요.

K : 그분의 행복은 다른 사람들이 자신을 능력 있고 사랑받을 수 있는 사람으로 봐주는 것에서 오는 것 같네요. 남들이 자신을 '멋지다, 최고다.'라고 생각해주지 않으면 불행하다고 느끼는 거죠. 그런데 이건 비단 그분만의 문제가 아니에요. 타인의 눈으로 나의 행복을 판단하고 등수로 행복을 매기는 요즘 사람들의 전형적인 모습 같아요.

우리가 어릴 때도 그랬지만 요즘의 아이들은 더하죠. 학교에서 돌아오면 엄마나 아빠가 "너 오늘 무슨 칭찬받았니? 몇 점을 받았니?"라며 항상 친구와 비교하고 점수와 등수를 따지면서 아이의 가치를 매기잖아요. 은연중에 그러기도 하고 아예 노골적으로 그러기도 해요.

그러니 애들은 타인과 자신을 비교하면서 더 뛰어나려고 버둥거리고, 뭐라도 조금 떨어지게 되면 자신이 사랑받지 못한다는 불안감을 느끼게 되는 거죠. 그런 상태로 우리는 어른이 되는 거예요. 어른이 되면 성적이 아닌 재산이나 권력, 지위, 직업 등 다른 것으로 타인과 비교하고 그들보다 못난 나를 불행하다고 치부하게 되죠.

P : 부모와 어른들의 삶의 태도가 아이들에게도 고스란

히 전해지는 것 같아요. 요새 아이들은 겨울철이 되면 패딩으로 서열을 나눠요. 중학생만 해도 30명 정도 되는 반 아이들이 다섯 개 정도의 그룹으로 나뉜다고 해요. 제일 잘 나가는 그룹은, "우리 그룹에 들어오려면 ○○패딩을 사와."라고 하는 거죠. 200만 원짜리 패딩을 못 입으면 그 그룹에서 떨어져 나가는 거죠.

이것은 비단 패딩에만 국한되지 않아요. "우리 그룹은 겨울 방학에 발리를 다녀오자."했을 때, 이걸 못하면 그 그룹에서 떨어져 나가야 돼요. 이처럼 가방, 패딩, 해외여행 등 돈과 물질로 자신들을 최상위층, 상중층, 중상층 등의 다섯 개 그룹으로 나누고 서열을 매기는 거죠.

게다가 요즘 아이들은 사는 동네와 주거 형태, 아파트 브랜드로도 친구의 등급을 매겨요. 심지어는 빌라에 산다고 해서 '빌라거지', 임대 아파트에 산다고 해서 '임대거지'라는 놀림을 받기도 해요. 이처럼 어릴 때부터 자연스럽게 부모의 자산이나 직업 등으로 그룹핑이 되고 서열화가 되는데 비교하지 않으려야 않을 수 없는 세태가 된 것 같아서 정말 씁쓸해요.

Q: 결국 인간은 비교를 함으로써 스스로 불행을 자처하는 거군요. 비교로부터 도망칠 방법은 없을까요?

P : 타인과의 비교에서 오는 박탈감이 싫어서 자기 스스로를 고립시키는 사람들도 있어요. 친구들과의 연락도 끊고 SNS 활동도 일체 하지 않으며, 생활을 위한 최소한의 인간관계만을 유지하며 사는 거죠. 괜히 동창회 한 번 나갔다가 이것저것 비교하며 우울해지느니 차라리 안 나가고 마는 거에요. 더군다나 요즘은 인터넷과 SNS의 발달로 클릭 몇 번만으로도 남의 생활을 엿볼 수 있으니 너무나 쉽고 자연스럽게 비교가 되잖아요. 거기에서 생기는 우울감을 겪지 않으려면 스스로를 고립시키는 방법밖에 없다고 생각하는 거죠.

K : 도망치지 말아야 해요. 눈 감고 귀 막는다고 행복할까요? 타인과 나를 비교하며 잘났다 못났다 평가할 것이 아니라 자신의 삶을 존중하고 그 안에서 만족감과 행복감을 찾으려 노력하면 될 것 같아요. 행복지수가 높은 나라의 사람들은 자기가 화물차를 몰든 정치인이 되든, 그건 그 사람이 그쪽으로 소질이 있을 뿐이라고 생각해요. 그렇게 거기에 만족하고 사는데 우리나라는 모든 것을 서열화하는 문화에요. 일등부터 꼴등까지 쫙 줄을 세워 누가 더 잘났는지 비교를 해요. 가치가 다양화되지 않아서 무조건 공부 잘하고 무조건 1등을 해야지만 스포트라이트를 받고 사랑받을 수 있다고 생각하

게 된 거죠.

물질도 마찬가지예요. 돈이 많고 집이 크고 화려하다고
해서 마음까지 행복한 것은 아니에요. 그러니 그들이
가진 부와 지위는 인정하되 부러워할 필요는 없는 거죠.

Q : 타인과의 비교가 긍정적인 효과를 내기 위해서는
사회 전반의 문화가 바뀌어야 하는데, 그건 시간이 걸
리는 문제이니 일단 개개인의 생각이 먼저 바뀌어야겠
군요.

K : 맞아요. 나보다 나은 사람은 어디에든 있어요. 공부
로 겨우겨우 1등을 해놓으면 공부도 잘하면서 멋진 외
모를 가진 누군가가 나를 또다시 열등감에 빠지게 하
죠. 성형을 하고 몸매를 만들어서 겨우겨우 외모까지
끌어 올려두면 나보다 더 넓은 집에 사는 누군가가 또
나타나요. 이렇게 계속 비교하고 비교당하다 보면 만성
적인 박탈감과 공허함, 우울감 등에 시달리게 돼요. 타
인의 시선으로 나를 평가하는 사람은 결국 나의 삶에
만족할 수 없고, 그 안에서 행복감을 찾을 수 없어요.

당신의 불행을 인정하라

현실부정

"아니야! 이건 꿈이야!"

느닷없는 불행과 마주하면 종종 영화 속 주인공은 미친 듯이 절규하며 현실을 부정한다. 그런다고 현실이 바뀔 리 없다는 것을 알지만 일단 부정부터 하고 보는 것이다. 그래야 눈앞에 직면한 고통에서 짧게나마 도망칠 수 있기 때문이다.

우리가 사용하는 방어기제 중 가장 미숙한 방어기제에 속하는 것이 바로 부정(denial)이다. 이것은 말 그대로 자기에게 있는 속성이나 자신에게 일어났던 인정하고 싶지 않은 일을 부정해 버리는 것이다. 예를 들어 암에 걸린 환자가 "아니, 그럴 리 없어. 내가 얼마나 건강을 챙겨왔는데, 내가 암이라니! 분명 잘못 진단한 걸 거야."라고 부인하고 병원에 가기를 거부한다던가, 의사를 계속 바꾸는 것과 같다. 불행한 현실을 받아들이지 않음으로써 일시적으로나마 마음의 평안을 도모하려는 것이다.

미국의 언론인 아만다 리플리 Amanda Ripley 는 저서 《언씽커블un-thinkable》에서 "재난을 당한 사람들은 일반적인 예상과는 다르게 행동했다."는 연구결과를 발표했다. 쓰나미나 테러 등과 같은 재난을 당한 사람들은 재난 신호를 감지한 후 한참 있다가 도피하는 행동을 보였는데, 이는 많은 사람들이 재난이 자신만은 비켜 가리라고 생각하기 때문이다. 즉 '설마 그런 일이 나에게 닥치랴.'라는 부정의 결과다.

이렇게 사람들은 자신에게 일어나고 있는, 혹은 일어났던 불행을 인정하려 들지 않는 속성이 있다. 그것을 인정하면 자신이 너무 비참하고 무기력한, 볼품없는 존재가 되는 것 같아서, 혹은 그것을 인정하면 뒤따라오는 분노나 좌절감 등을 감당할 자신이 없기 때문에 아예 그런 일들이 일어나지 않았던 것처럼 부인해 버리는 것이다.

그러나 과거에 있었던 불행을 부정한다고 그 일이 없어지는 것은 아니다. 그러면 지하로 숨은 기억과 거기에 부착되어 있는 감정이 우리의 통제를 벗어나 자신도 모르는 사이에 자기를 상하게 한다.

불행을 행복으로 분칠하는 여린 성수 씨

성수 씨는 명랑하고 활발하며, 항상 주변 사람들을 챙겨주고 궂은 일을 도맡아 해서 어디서든 환영받는 사람이다. 그런데 한 모임에서 사람들이 자신을 두고 너무 설친다며 뒷말을 하는 것을 들은 다음부터 급격하게 우울해졌다. 몸이 물먹은 솜처럼 처지고 무슨 일을 해도 의욕이 생기지 않는 데다 사람들도 만나기 싫어졌다.

"전 어디서든 솔선수범하면서 열심히 살았어요. 모임 후엔 늘 뒷정리도 도맡아 했고요. 꼼짝도 안 하고 먹고 즐기기만 하면서 자기들이 무슨 자격으로 나를 욕해요?"

성수 씨는 자신을 비난하는 사람들에 대한 배신감과 분노가 너무 커서 잠도 못 이룰 지경이라고 했다. 나는 성수 씨의 감정에 공감이 되면서도 한편으론 급격하게 빠져든 우울감이 염려되어 그 원인을 찾으려 그의 유년기의 기억부터 더듬어 갔다.

성수 씨는 무뚝뚝하고 자식들에게 무관심했던 아버지와 항상 아팠던 어머니, 그리고 일찍부터 어머니를 보살펴야 했던 어린 시절의 기억을 드라마 속 이야기를 전하듯이 무덤덤하게 풀어갔다.

"아버지는 사소한 일에도 화를 잘 내셨어요. 그래서 전 늘 아버지의 눈치를 봐야 했고, 아버지가 화내지 않도록 어머니가 못한 일까지 마무리를 지어야 했어요."

"어린 나이에 마음이 많이 힘드셨겠어요."

"아니에요. 그 정도야 어느 가정에든 있는 사소한 문제죠. 우리 가족은 그때도 지금도 큰 문제 없이 화목하게 잘 살고 있어요."

성수 씨는 어린 시절에 자신과 가족들이 겪었던 문제들에 대해 별 것 아니라는 듯이 말했다. 그는 결혼한 후에도 주말마다 어머니 집에 가서 집안일을 챙기고 자고 온다고 했다. 그 때문에 아내와 잦은 다툼을 하지만 그런 일로 이혼이야 하겠느냐며 넉살 좋게 웃었다.

일 년간 꾸준히 면담을 이어오는 동안 성수 씨는 어떤 이야기든지 별다른 감정의 동요 없이 덤덤하게 말을 했다. 치료자가 심심하지 않게 과거의 행동이나 상황에 대해 나름의 해석도 해가면서, 마치 숙제하듯이 이야기를 풀어 나갔다.

면담을 지속한 지 일 년이 지나서야 성수 씨는 비로소 눈물을 보이기 시작했다. 그리고 우울해하며 슬픔에 잠겼다. 어린 시절의 힘들었던 문제에 관한 이야기만 나오면 "우리 가족은 별문제 없이 평탄하게 살았다."며 극구 부정하던 성수 씨가 마침내 마음속 깊은 곳의 감정을 털어놓기 시작한 것이다.

"너무 외롭고 두려웠어요. 난 엄마 아빠의 보호가 필요한 어린아이였는데 아무도 날 보호해 주지 않고 돌봐 주지 않았어요. 부모님이 싸우는 게 싫고 아버지가 화를 내는 것이 두려워서 나는 힘들어도 엄마를 보살피고 도와야 했어요."

누구보다 화목하고 행복한 가정을 바랐지만, 정작 자신의 어린 시절은 화목하지도 평온하지도 않았다는 것을 인정하는 일은 성수 씨에게 무척이나 큰 고통이고 슬픔이었다. 자신이 그렇게 엄마를 보호하고 화목한 가정을 만들려고 노력했는데, 실은 자신이 그로 인해 외롭고 고통을 받았다는 사실을 인정한다면 그간의 노력이 허사가 되고, 부모님에게 문제가 많았다는 것을 인정하는 게 되기 때문이었다. 그래서 성수 씨는 자신의 가족이 아무 문제도 없다는 믿음에 그토록 집착하고 있었던 것이다.

부모님에게 사랑받고 부모님을 기쁘게 해드리는 자랑스러운 아들이 되는 것이 꿈이었던 성수 씨에게 그것을 포기한다는 것은 자신이 살아온 시간을 가치 없게 만들고, 부모님에 대한 억눌렸던 분노를 터져 나오게 하는 위험한 일이었다. 때문에 그는 지금껏 현실을 부정하고 외면해 왔고, 그 부작용으로 알 수 없는 긴장감과 막연한 불안에 시달려야 했다.

다행히 지속적인 면담을 통해 성수 씨는 자신의 불행을 인정하기 시작하고 문제의 본질을 볼 수 있게 되었다. 덕분에 그것을 풀 수 있는 힘이 생겨났다. 비록 그 과정에서 과거의 불안과 슬픔을 만나야 했고, 자신을 보호하지 못했던 어머니에 대한 분노를 인정해야 했지만 이를 통해 비로소 성수 씨는 자신과 부모님의 모습을 제대로 볼 수 있게 되었다.

더불어 그는 어머니 역시 힘든 어린 시절을 보낸 탓에 어머니의 역할을 하는 법을 몰랐던, 상처받은 영혼이란 사실을 알게 되었다. 이를 통해 그는 항상 어머니에 대해 가지고 있던 이유 모를 부채감과 불편한 감정을 이해하게 되었고, 비로소 그 감정에서 벗어날 수 있었다.

과거의 불행을 인정하기! 그것이 문제를 푸는 시작점이다

직을 알아야 전쟁에서 이길 수 있듯이, 내 마음속에 있는 고통이 무엇인지 알아야 그것을 고칠 힘이 생긴다. 자아가 볼까 두려워서 부정하고 억압했던 기억을 인정하고 직시할 수 있다면, 그것은 비로소 자아에 그것에 대처할 수 있는 힘이 생겼다는 것을 의미하기 때문이다.

누구에게나 불행하다고 느꼈던 시간이나 순간이 있다. 창피해서 죽을 것만 같았던 시간도 있다. 그런데 그것을 무작정 부정하고 억압하면 오히려 그것을 해결할 기회가 사라지게 된다. 그 결과 불행하고 창피했던 갈등이 더 깊고 어두운 동굴 속으로 숨어버린다. 그리고 보이지 않는 힘이 되어 우리의 현재에 영향을 미치게 된다.

그렇다고 일부러 힘들었던 옛 생각을 꺼낼 필요는 없다. 부정적인 사건이나 일에 몰두하는 것은 오히려 감정이나 사고 방향을 부정적인 측면으로 흐르게 함으로써 우울과 분노를 심화시키는 부작용이 있다. 그러한 기억은 전문의와의 면담 시간이면 족하다. 그러면 그 시간의 경험은 안전하게 과거의 갈등을 풀도록 도와줄 것이다.

만약 불행했던 과거의 기억이 동굴 속에 머물지 않고, 수시로 떠올라 나를 괴롭힌다면 그것과 직면해야 한다. 그리고 당당하게 외쳐야 한다.

"그래, 난 과거에 힘들었어. 그래서 화가 나고 슬퍼. 그러나 난 이제 어른이야. 그 힘든 시간 속에서도 난 이만큼 괜찮은 사람이 되었어. 그건 내 힘이야. 더 이상 과거가 나를 지배하도록 두지 마!"

플랜맨의 하루

강박증

영화 〈이보다 더 좋을 순 없다As Good As It Gets〉의 주인공 멜빈은 길을 걸을 때 보도블록의 금을 절대로 밟지 않는다. 또한 다른 사람과 스치는 것을 극도로 싫어해서 늘 사람들 틈에서는 뒤뚱거리며 걷는다. 식당에 가면 항상 정해진 자리에 앉고 자신이 직접 챙겨온 일회용 나이프와 포크로 식사를 한다. 심지어 정장을 빌려주겠다는 다른 사람의 친절에 어떻게 남이 입은 불결한 옷을 입냐며 호통을 치기도 한다.

영화 〈플랜맨〉의 주인공 정석은 출근 시각, 잠자리에 드는 시각, 화장실 가는 시각, 출근길 횡단보도를 건너는 시각까지 정확하게 맞춰서 계획적인 생활을 한다. 모든 일에 알람을 맞추고 계획대로 사는 것이 그에겐 가장 평화로운 삶이다. 계획이 어긋나는 것은 상상할 수 없으며, 정돈된 그의 삶에 흐트러짐이 끼어드는 것은 참을 수 없는 고통이다.

영화 속의 이야기라 다소 과장되었을 것이라 생각할 수도 있지만 현실에선 이보다 더한 사람도 있다. 강박증을 앓는 환자들의 경우 시간이나 청결, 안전, 정리정돈 외에도 다양한 것들에 집착하는 경향이 강해서 본인은 물론 함께하는 사람들까지 힘들게 하는 경우도 많다.

언젠가 환자 중 한 분이 자신에게 처방해준 약이 혹시라도 부작용을 일으킬까 두려워 인터넷을 뒤져 그 약의 부작용 132가지를 찾아낸 적이 있다. 그리곤 내게 그 132가지를 하나하나 따져 가며 묻느라 2시간 동안 면담이 이어지기도 했다. 면담을 마치고 문을 열고 나가면서도 안심이 되지 않았던지 "선생님, 그런데 혹시…, 정말 괜찮을까요?"를 묻고 또 물었다. 숫자 3에 대한 강박까지 있었던 그는 결국 똑같은 질문을 33번 반복하고 나서야 돌아섰다.

확인하고 또 확인하고 거듭 확인하는 영수 씨

영수 씨는 오늘도 6시 정각에 눈을 떴다. 언제나 그렇듯 그는 창문을 열고 환기를 시킨 후 집안 곳곳을 청소하는 것으로 하루를 시작한다. 청소는 늘 마스크와 위생장갑을 끼고 30분 동안 진행된다. 공중 화장실을 이용하지 못하기 때문에 매일 아침 집에서 변을 본 후 온몸을 깨끗이 씻고, 다섯 종류의 비타민과 간단한 시리얼을 먹고 지하철역으로 향한다.

영수 씨는 집을 나올 때 가스 밸브와 전기 스위치를 몇 번이나 반복해서 점검한다. 엘리베이터를 기다리다가도 다시 집으로 들어가 가스와 난방, 전기 등을 거듭 확인한다. 최종적으로 현관문을 잠근 후에도 꼭 다섯 번은 당겨봐야 그나마 안심할 수 있다. 끄떡도 하지 않는 든든한 현관문을 바라보며 만족스러운 미소를 짓는 것으로 영수 씨의 출근 준비가 완료된다.

영수 씨는 엘리베이터 문이 열릴 때마다 바짝 긴장이 된다. 엘리베이터 안에서 다른 사람과 옷깃이라도 스치면 왠지 찝찝한 기분이 들어서 사람들이 들어올 때마다 잔뜩 몸을 움츠린다. 지하철에서는 항상 1-1 칸을 이용하고, 가능한 사람들과 접촉을 피하려 한다.

공식적인 출근 시각은 9시지만 영수 씨는 늘 30분 전에 회사에 도착해 자신의 책상과 모니터, 키보드를 물티슈로 한 번씩 닦는다. 그리고 서랍 속 서류들도 다시 반듯하게 정리한다. 15분간 책상 청소가 끝나면 업무를 시작하는데, 거래처에 이메일부터 보낸다. 똑같은 내용을 핫메일, 네이버, 회사의 계정으로 세 번씩 보내고 담당자에게 문자와 카톡으로 '메일을 보내드렸으니 확인을 부탁한다.'는 내용을 전한다. 15분 뒤에 한 번, 30분 뒤에 또 한 번 수신확인을 하는데, 그때까지 수신확인이 되어있지 않으면 슬슬 불안해지기 시작한다.

메일을 보낸 지 1시간이 지났는데도 수신확인이 되어있지 않으면 거래처 직원에게 전화를 하는데, 그럴 때마다 그들은 왜 그리 독촉을 하느냐며 짜증을 낸다. 맡은 업무를 빨리 처리해 달라는 것인데 그게 왜 짜증이 나는 일인지 영수 씨는 도통 이해할 수가 없다.

전화를 한 지 30분이 지났는데도 여전히 이메일 수신이 되어있지 않자 이번에는 아예 거래처 직원의 상사에게 메일을 보내 직원의 메일 수신 여부를 확인해 달라고 했다. 그렇게 2시간이 지난 뒤에 팀장이 영수 씨를 불러 갑자기 화를 냈다. 거래처에서 컴플레인이 들어왔다며 일을 융통성 있게 진행하라는 것이다.

"아니, 일을 융통성 있게 하라는 말은 일을 대충 하라는 말인데, 왜 그렇게 해야 하는지 잘 모르겠습니다!"

영수 씨의 말에 팀장은 답답한 듯 한숨을 내쉬며 가슴만 쳐댔다.

사실 영수 씨는 고등학교 때부터 "유난을 떤다.", "의심이 많다."와 같은 말을 자주 들었다. 수능 시험을 칠 때 혹시라도 잉크가 잘 나오지 않을까 염려가 되어 컴퓨터용 사인펜을 열 자루나 준비했고, 시험을 치는 당일에는 차가 막힐까 봐 4시간이나 일찍 시험장에 도착해서 기다렸다. 시험을 치를 때도 모르는 문제가 있으면 다음으로 넘어가질 못해 시간을 엄청나게 잡아먹었고, 답안지를 밀려 쓰진 않았나 염려가 되어 최소 다섯 번씩은 체크했다.

이 외에도 친구들과 밥을 먹을 때마다 찌개에 서로의 숟가락이 섞이는 것이 찝찝했고, 밥값을 계산할 때도 정확하게 백 원 단위까지 나눠서 내지 않는 것이 불만이었다. 이런 일들로 친구들과 몇 번 다투고 나니 언제부턴가 혼자 밥을 먹는 게 더 편하게 느껴질 정도였다.

병적인 완벽주의 '강박증'

강박증이란 본인이 원하지 않는데도 특정 생각이나 행동을 반복적으로 하게 되는 것으로, 불안장애의 한 종류다. 전체 인구의 3%가 가지고 있는 이 증상은 고학력이거나 사회적으로 비교적 성공한 사람, 지능이 높은 사람들의 경우에 더 자주 관찰되는 편이다. 특히 성공하거나 똑똑한 부모들은 자신의 이런 성향을 자녀에게도 요구하는 경우가 많아 유전적이나 환경적으로 전달되는 사례도 많다.

강박증의 원인에 대해 다양한 이론이 나오고 있지만 세로토닌의 감소와 조절 불균형으로 인해 생긴다는 가설이 가장 신뢰도가 높다. 불안감을 느낄 때 그것을 떨치기 위한 충동적인 감정으로 인해 강박적인 행동이 표출된다는 것이다.

프로이트는 강박 성향을 가진 사람들에게서 흔히 나타나는 공격성과 청결에 대한 지나친 집착은 강압적인 태도의 배변교육에 그 원인이 있다고 주장한다. 즉 3~4세에 해당하는 항문기에 소변이나 배변을 가리는 것에 실수를 해 수치심을 경험했을 경우, 청결과 정돈에 대한 지나친 집착과 오염에 대한 두려움이 생긴다는 것이다.

실제로 어린이집에서 소변이나 대변을 친구들 앞에서 실수로 지린 경우 아이는 엄청난 수치심을 느낀다. 그 경험은 이후에도 두고두고 수치스러운 기억으로 남으며 트라우마가 되기도 한다. 이런 경험이 있는 아이의 경우 성인이 되어 완벽주의나 강박 성향을 보이는 경우가 많고, 결벽증적인 모습이나 순결, 청결이나 전염병 등에 지나치게 민감한 태도를 가지게 된다.

대부분의 강박증 환자들은 영수 씨처럼 물건이나 책들이 조금만 흐트러져 있어도 참지 못하고, 문이나 가스, 전기 등 안전과 관련된 것들을 반복적으로 점검하고, 하루에 수십 번씩 손을 씻는다. 그들은 자신의 이런 행동이 다소 지나치다는 것을 인식하고 있다. 분명히 문이 잘 잠긴 것을 확인했고 100%에 가까운 확률로 잠겨져 있다는 것을 알면서도 혹시나 하는 것이다. 혹시 모를 1~2% 때문에 불안한 생각이 치밀어 올라 갑자기 가슴이 두근거리며 불안감이 밀려오고, 그것을 참지 못해 점검하고 또 점검하게 된다.

"문이 혹시라도 열려 있으면 어쩌지? 도둑이 들어와서 돈이 다 없어지면 내 인생은 끝이야."

"가스밸브가 잠기지 않았으면 어떡하지? 혹시 불이라도 나면 가구며 가전이며 옷이며 다 타겠지? 불이 이웃집까지 번져가면 아마 난 감옥에 갈지도 몰라. 그러면 내 인생은 끝이야."

황당할 정도로 과장된 상상 같지만 강박증 환자들이 느끼는 불안은 언제나 이처럼 파국으로 치닫는다. 그리고 여기까지 생각이 미치면 다시 집으로 돌아가 문이 잠겨있는 걸 확인하지 않고서는 하루 종일 불안감에 시달리며 무엇에도 집중할 수 없게 된다. 기어이 달려가 확인을 다시 하고 나서야 비로소 안심이 되고 다음 생각으로 넘어갈 수 있다.

이러한 성향은 본인도 무척이나 불편하지만 더 힘든 건 주위 사람이다. 함께 밥을 먹거나 여행이라도 갈라치면 일일이 묻고 따지고 점검하는 그 모든 과정을 다 지켜보고 함께 해야 하니 인내하기가 쉽지 않다. 정말 가까운 가족이라면 모를까 친구나 연인의 경우, 이러한 모습을 참아주고 이해하는 데에는 많은 노력이 필요하다.

강박증은 본인 자신은 물론이고 주변 사람도 함께 힘들게 하는 병으로, 인간관계나 사회적 관계를 불편하게 한다는 점에서 예후가 나쁜 편이다. 게다가 강박증이 시작되어 직장에서 곤란한 점이 생기고 연인과 다투다 보면 우울증이 동반되는 경우도 무척 흔하다. 무엇보다 내가 지금 하는 행동이나 생각이 누가 봐도 지나치고 이상하다는 걸 뻔히 알기 때문에 더 속상하고 마음 아픈 병이기도 하다.

"당신의 규칙을 한번 깨 보세요, 아무런 문제도 일어나지 않아요"

영수 씨는 강박증으로 인해 결국 사귀던 여자친구와 헤어져야 했고, 친구들과의 만남 역시 점점 줄어들었으며, 직장에서조차 위태로운 처지가 되었다. 심리치료와 약물치료를 병행하며 나는 영수 씨에게 운동에 집중해 볼 것을 권했다. 우선은 운동이라는 다른 자극에 집중함으로써 강박적인 사고를 회피할 수 있다. 그리고 강박적인 사고를 하게끔 하는 뇌의 변연계와 기저신경절에 쓸 에너지와 열량을 운동으로 다 써 버리고 태워 버리는 효과도 기대할 수 있다.

강박증에 있어 가장 중요한 것은 신경 끄기와 인내심을 기르는 일이다. 손을 여덟 번 씻었는데 열 번을 채워야 안심이 될 것 같은, 스스로 생각해도 이상한 생각들을 멈추려면 어느 순간 신경을 딱 끄고 다른 일에 집중할 수 있는 자세를 갖추는 연습을 할 필요가 있다.

실제 치료에서도 많이 쓰이는 방법인데, 손을 자꾸 씻으려 하는 경우 메모장에 바를 정(正)의 획을 하나 긋게 한다. 또 생각이 나면 또 한 획 긋는다. 이렇게 바를 정자가 늘어나는 것을 보면서 '내가 이 생각을 오늘 몇 번이나 했구나, 또 이렇게 집착을 했구나.'를 자신에게 보여주는 것이다. 변형된 방법으로는 이런 생각이 들 때마다 초콜릿을 한 알씩 먹는다거나 사탕을 입에 물고 있는 방법도 있다. 그것이 무엇이든 자신에게 맞는 '강박적 사고를 회피할 수 있는 수단'을 찾는 게 중요하다.

요새 가장 많이 쓰이는 것은 항상 손에 들고 다니는 스마트폰을 이용한 방법인데, 같은 생각이나 욕구가 반복해서 떠오를 때마다 음악을 듣는다거나 유튜브 영상을 보면서 주의를 전환해 주는 것이다.

위의 방법들이 강박의 생각을 회피하는 방식이라면 다음에 소개하는 방법은 정면 승부를 하는 방식이다. 실제로는 이 두 가지의 방식을 적절히 섞어서 하는 게 가장 효과가 좋다.

강박 행동을 하고 싶어 견디기가 너무 힘들고 도저히 참을 수 없는 지경에 이르렀을 때 자신의 불안감과 충동을 스스로 다스려 보는 것이다. 손을 씻지 않고 한 번 버티었을 때 자신에게 상(예를 들면 평소 먹고 싶었던 간식)을 준다거나, 열 번을 참으면 갖고 싶었던 물건을 산다는 등의 동기부여를 하는 것도 좋은 방법이다. 그렇게 단 한 번을 참고 어겨보면서, 내가 정한 규칙과 질서가 조금 어긋나도 세상엔 아무런 일도 일어나지 않으며 내 삶은 전혀 흔들리지 않는다는 것을 느끼는 것이 중요하다.

모든 감정은 정상이다

감정 다스리기

"믿었던 친구에게 뒤통수를 맞았어요. 너무나 분하고 화가 나고 그 친구가 미워서 잠을 잘 수가 없어요. 이런 감정에 휩싸이는 내가 못난 건가요?"

믿었던 친구에게 배신을 당하면 분하고 화가 나고 그 친구가 미운 게 당연하다. 친구에게 배신을 당하고도 그 친구가 여전히 좋고 기분이 즐겁다면 오히려 그게 더 이상하지 않은가.

기쁨, 행복함, 즐거움, 환희, 만족감, 편안함, 안정감, 좌절, 절망, 두려움, 공포, 지루함, 냉담함, 욕심, 슬픔, 쓸쓸함 등 인간이 느끼는 감정은 말로 다 표현할 수 없을 정도로 다양하고 미묘하다. 그리고 이 모든 감정은 다 정상이다.

감정은 일종의 신호이기도 하다. 외부 혹은 내부에서 일어나는 사건에 반응해서 우리의 마음과 몸에서 일어나는 에너지의 변화로써, 이 감정은 현재 자신의 마음 상태를 알려줌과 동시에 적응적인 측면을 가진다. 예컨대 분노는 부당한 대우로부터 자신을 보호하기 위한 감정이고, 공포는 뱀을 만났을 때와 같이 위험한 상황을 피하기 위한 감정반응이다. 슬픔은 중요한 대상을 상실한 것에 적응하기 위한 일련의 감정반응이기도 하며, 기쁨은 자신에게 득이 되는, 혹은 자기가 원하던 것을 획득했을 때의 감정반응이다. 시기나 질투는 남에게 뒤지지 않으려는, 혹은 빼앗기지 않으려는 경쟁심에서 나오는 감정이고, 불안은 어떤 무서운 일이 닥칠지도 모른다고 예고하는 감정반응이기도 하다.

감정은 본능적으로 발생하는 것이라서 통제가 쉽지 않다. 그러나 인간에게는 무의식으로부터 분출되는 감정을 보완하기 위해 의식의 영역에서 활동하는 '이성'이라는 기능이 있다. 이성과 감정은 때론 친구처럼 서로 보완하면서, 때론 적처럼 서로 싸우면서 적절한 힘의 균형을 찾기 위해 끊임없이 분투한다.

감정의 노예가 될 것인가, 아니면 감정의 주인이 될 것인가?

아무리 성숙한 사람이라도 어느 순간 감정에 휩싸일 수 있으며, 감정적 행동이나 결정에 의해 큰 실수를 저지를 수 있다. 그만큼 감정의 힘은 강렬하다. 이에 대해 《내 감정 사용법 *La Force des Émotions*》의 저자인 크리스토프 앙드레 Christophe Andre 는 "감정이란 말 잘 듣는 하인이자 못돼먹은 주인이며, 다스리는 법을 반드시 배워야 하는 생물학적 힘이다. 감정이 한껏 활개치도록 하되, 감정에 대한 조절의 끈을 놓지 말라."라고 말했다. 이는 우리의 감정이 삶의 활력소도, 위험한 함정도 될 수 있다는 말로써 우리가 어떻게 감정을 대해야 하는지를 함축해주는 말이다.

그렇다면 어떻게 고삐 풀린 망아지처럼 날뛰려는 감정을 다스려 이것을 즐기고 인생의 활력소로 사용할 것인가? 아무리 감정의 힘이 강렬하고 유혹적이어도 우리는 감정에 굴복해서도 또 그것을 무조건 억압해서도 안 된다. 사륜마차를 몰듯이 달리는 말의 고삐를 잡고, 때로는 속력을 즐기기도 하고 때로는 천천히 주변 경치를 감상하며 여행하듯, 우리는 감정이란 놈의 고삐를 잡고 그것을 조절하며 달리는 법을 배워야 한다. 그러면 우리의 인생은 훨씬 더 생동감 있고 재미있어진다.

• 감정이 하는 말에 귀를 기울여라

감정은 일종의 소통 기능을 가진다. 그것은 주변 사람들에게, 혹은 자기 자신에게 '나의 상태가 어떻다.'는 것을 말해주는 외침이다. 잔뜩 화가 나 있는 아이는 사실 "사랑받지 못해서 너무너무 속상하다."고 외치는 것이다. 시기와 질투로 속이 끓는 사람은 "네가 나보다 더 낫기 때문에 열등감을 느끼며 네 것을 빼앗고 싶다."고 외치는 것과 같다. 외로움에 떨고 있는 사람은 "난 당신들이 그립고 당신들이 날 받아주면 좋겠다."고 말하는 것과 같다.

내 안에서 어떤 감정이 일어날 때 그것을 두려워하거나 '내가 이것밖에 안 되나?'하고 창피해할 필요가 없다. 모든 감정은 정상이다. 그것은 당신이 무엇을 원하고 무엇 때문에 좌절하고 있는지, 당신이 어떤 상황에 처해 있는지 알려주는 하나의 신호다.

당신의 감정이 어떤 것인지를 알고 그 감정을 인정하는 것, 그것이 당신이 감정의 주인이 되는 첫걸음이다.

• 감정을 두려워하지 말라

우리의 마음을 자세히 들여다보면 모든 종류의 감정을 다 만날 수 있다. 거기에는 꼭 좋고 아름다운 감정만 있는 게 아니다. 때론 무섭고 두려운 녀석들도 있다. 그러나 그런 감정이 있다고 당신이 곧 그런 사람이란 말은 아니다. 어쩔 때는 살인적 분노에 화들짝 놀라기도 하고, 때론 다른 사람에 대한 시기와 질투로 잠 못 이룰 수도 있다. 또 좌절과 절망에 우울해지기도 하고, 열등감에 분노하고 무기력해질 수도 있다.

이러한 감정은 누구에게나 찾아온다. 그러나 이러한 감정을 느꼈을 때 자신이 나쁜 사람이 된 것만 같아 감정을 억압하기 시작하면 감정은 안에서 쌓여 자신을 괴롭힌다. 즉 그러한 감정들이 중화되고 승화될 수 있는 기회를 놓친 탓에 어느 날 자신도 모르는 사이에 사소한 자극에도 갑자기 분노가 폭발적으로 터져 나오는 것이다. 이는 억압된 감정이 이미 이성으로 통제할 수 없을 정도의 강한 에너지로 변해 버렸기 때문이다.

화가 날 때는 자신의 화와 마주하며 그것을 인정할 수 있어야 한다. 그러면 우리는 무엇이 문제인지를 생각하게 되고, 그 화를 적절히 푸는 방법을 강구하게 된다. 만일 부당한 일로 화가 날 수밖에 없었다면, 우리는 거기에 적절한 대응을 함으로써 더 이상 내가 상처입지 않도록 보호할 수도 있고, 상대에게 내가 화났음을 알려 조심하게 할 수도 있다. 그럼으로써 상처의 악순환의 고리를 끊을 수 있다.

다시 말하자면 자신의 감정을 알고 그것을 자아의 통제 안에 두어야 한다는 것이다. 그러기 위해서는 자신의 감정을 두려워하지 말아야 한다. 모든 감정은 한 번 일어났다가 시간이 지나면 스러지게 되어 있다. 감정은 막으려 하면 더 커지는 법이다. 그냥 시냇물처럼, 바람처럼 감정이 나를 스쳐 지나가게 내버려 두자. 그러면 그 감정은 점차 수그러든다. 그리고 그 이후에 나에게 무슨 일이 일어났었는지 곰곰이 생각해 보는 것이 좋다.

• 감정을 표현하라

감정을 억누르지 말라는 말은 감정을 날것 그대로 솔직하게 분출하라는 의미는 아니다. 감정은 분출하면 해소되는 것이 아니라 우리를 격정에 더 머무르게 한다. 왜냐하면 감정이 고양되면 혈압의 상승이나 떨림과 같은 신체적 증상이 동반되며, 이렇게 흥분된 우리의 몸과 마음은 좀처럼 가라앉지 않기 때문이다. 그 결과 화는 화를 부르고 미움은 미움을 강화하게 된다.

감정은 분출하는 것이 아니라 표현하는 것이다. 이것은 감정의 원래 기능 중 하나가 소통이라는 것을 기억하면 쉽게 이해될 수 있다. '슬플 때 가장 위로가 되는 것은 나의 슬픔을 이해하고 옆에서 등 두드려주는 사람'이란 말처럼 감정은 누군가의 공감을 필요로 한다.

나를 공감해주는 사람을 만나기 위해서는 내가 어떤 감정 상태에 있는지 알려야 한다. 그것을 알리는 방법은 감정을 표현하는 것이다. 어떤 사람은 평소엔 감정을 꾹꾹 눌러놓고 어느 순간 느닷없이 "나 힘들어." 혹은 "나 슬퍼."라는 말을 툭 내뱉는다. 이럴 경우 되돌아오는 답은 "네가 슬프면 난 죽고 싶은 상태겠다." 혹은 "네가 힘들다고 하면 다른 사람들은 어떻게 사니?", "엄살떨지 마라."는 등의 무심한 말이다. 그간 자신의 슬프거나 힘든 감정을 억압하고 전혀 드러내지 않았기에 상대방으로서는 그 감정에 공감하기 어렵기 때문이다. 그러나 막상 고민의 당사자는 아무도 자신의 감정을 공감해주지 못한다고 서운해하고 좌절하게 된다.

감정은 에너지이기 때문에 적절한 표현을 통해 그 에너지가 쌓이지 않도록 할 필요성이 있다. 감정의 표현은 자신의 정신건강을 위해서 필수적이다. 기쁠 때 기쁨을 느낄 수 있는 능력, 슬플 때 슬픔을 표현할 수 있는 능력, 화가 났을 때 '나 화났어.'라고 말할 수 있는 능력. 별 것 아닌, 당연한 것처럼 보이지만 사실 적절하게 자신의 감정을 표현한다는 것은 자신의 감정을 두려워하지 않고, 자신의 감정이 무엇인지를 인식할 수 있으며, 그것을 적절히 통제할 수 있다는 자신감을 필요로 하는 것이다.

• 너무 오래 나쁜 감정 속에 머물지 말라

감정은 확대되고 전염되는 특징이 있다. 유쾌한 사람 옆에 있으면 같이 기분이 좋아지고, 누군가 화가 나 있거나 슬퍼하면 함께 있는 사람들도 긴장하거나 암울해진다.

집단에서와 마찬가지로 한 사람 내에서도 감정은 스스로 증폭하는 특징이 있다. 왜냐하면 감정과 사고는 서로를 자극하며 유발되기 때문이다. 기분이 좋을 땐 다른 좋았던 일이나 행복했던 일들이 계속 떠오르고, 우울하고 화가 나 있을 땐 그간 억울하고 화났던 일들이 꼬리에 꼬리를 물고 계속 떠오른다. 그리고 급기야는 화가 머리끝까지 올라와 폭발 직전까지 가기도 한다. 이 경우에는 자기가 처음에 무엇 때문에 화가 났는지 잊어버리기도 한다.

적절한 때에 멈추지 않으면 감정은 그에 맞는 생각이나 기억을 연상시키고, 그 생각은 또다시 비슷한 감정을 유발하는 상승효과를 가진다. 때문에 화가 나거나 억울한 감정이 들면 빨리 그 감정을 정리하고 거기에서 빠져나올 필요가 있다. 물론 부정적 감정이 다 나쁜 것은 아니다. 화나 회한 등의 감정은 자신의 실수나 잘못된 행동, 또는 자신이 어느 부분에 취약한지 등을 알려준다. 그러나 여기서 멈추지 않고 계속 그 안에 머물러 있으면 어느새 부정적인 감정은 자신을 짓누르고, 이미 지나가버린 일을 두고 쓸데없는 화풀이를 하느라 에너지와 시간을 낭비하고, 가까운 사람에게 상처를 주게 된다. 그러니 부정적 감정은 빨리 풀어버리도록 하자. 생각을 돌리듯 나의 감정도 나의 의지로 그 방향을 충분히 바꿀 수 있다.

• 다른 사람의 감정도 들여다보자

우리는 자신이 다른 사람에 의해서 상처받는 것에는 지나칠 정도로 예민하다. 가까운 사람이 별 뜻 없이 무심코 던진 한 마디에 밤새 잠도 못 자고 뒤척거리고, 두고두고 화가 나서 견딜 수 없어지기도 한다. 그러나 자신도 똑같이 다른 사람에게 상처 줄 수 있음은 생각하지 않으려 한다. 우리는 어쩌면 존재한다는 것 자체만으로도 남에게 상처를 입힐 수 있는 존재임을 외면한 채 말이다.

자신의 감정이 중요한 만큼 다른 사람의 감정 또한 중요하다. 감정은 소통의 목적을 지닌다. 그렇기 때문에 자신의 감정이 어떤지도 알아야 하지만 남의 감정도 어떤 상태인지 알아챌 수 있어야 한다. 그래야 서로에게 최소한의 상처를 주고 서로의 필요에 맞춰 감정 표현의 수위를 조절하고, 편안하고 안전하게 소통할 수 있게 된다.

다른 사람의 감정을 공감하는 능력은 원만하고 깊은 대인관계를 맺는 데 필수적인 요건이다. 누군가 나의 눈을 들여다보고 나의 외로움과 슬픔에 같이 공감해주길 바라는 것처럼 내 곁의 타인 역시 그걸 절실히 원하고 있다. 내가 상처받는 만큼 상대도 상처받을 수 있는 예민한 존재임을 잊지 말아야 한다.

너무 자신의 감정에만 몰두하지 말고 다른 사람의 얼굴과 눈빛을 잘 들여다보자. 그리고 그 사람의 관점에서 한번 사물을 바라보자. 그러면 상대의 감정을 느낄 수 있을 것이다. 이런 노력을 통해 서로에게 불필요한 감정의 충돌은 피할 수 있으며, 공감이 주는 따스한 미소로 서로를 격려하며 앞으로 나아갈 힘이 생길 것이다.

나쁜 감정은 어떻게
다스려야 할까요?

살다 보면 누구나 한 번씩 욱하고 화가 치밀기도 하고 상처를 받아서 우울해지거나 비참해지기도 하잖아요. 그런 감정들을 제대로 다스리지 못해서 일이 커지는 경우가 많은데, 어떻게 하면 이런 나쁜 감정들을 잘 다스릴 수 있을까요?

K : 나는 '나쁜' 감정이란 것은 없다고 봐요. 단지 어떤 감정이든 그 정도가 지나쳐서 스스로 조절할 수 없게 되면 문제가 되는 것이죠. 감정은 자기 안에서 뭔가 문제가 생겼다는 것을 알려주는 신호에요. 때문에 그 감정들을 해결하려면 일단 그 감정을 직시해야 합니다. '아, 내가 화가 났구나', '아, 내가 슬프구나', '아, 내가 외롭구나'라는 것을 인정해야 그것을 잘 달래고 건강하게 표현할 수도 있는 거거든요.

Q : 감정을 잘 다스리기 위해선 우선 자신의 감정을 똑바로 마주하고 인정해야 한다는 거군요.

K : 맞아요. 몇 년 전의 일이에요. 오랫동안 통원치료를 받던 환자분이 하루는 가족과 함께 병원에 오셨어요. 알고 보니 지난 한 달 사이에 환자분의 어머니와 누나가 갑자기 연달아 돌아가신 거예요. 그 충격으로 병이 악화될까 염려되어서 약을 증량해주길 원했어요. 나는 약을 증량해주는 대신 "그 상황이라면 아마 병이 없는 사람도 병이 날 지경일 것이다."라고 말해 주었어요. 그리고 환자분이 가족의 죽음에 슬퍼하고 힘들어하는 것은 당연한 일이고, 이 슬픔을 약으로 억제하면 오히려 나중에 문제가 될 수 있음을 이야기해 드렸어요.

저는 약을 늘리는 대신에 환자분이 슬퍼할 때 같이 슬퍼하고 울고 싶을 때 같이 울어주시길 가족에게 부탁드렸어요. 물론 당시 환자분이 그 고통을 충분히 견뎌낼 수 있으리란 확신이 있었기에 그러한 조언이 가능했었죠. 실제로 그 환자분은 그때의 슬픔을 건강하게 극복한 덕분에 자신의 감정에 대한 자신감을 회복할 수 있었다고 내게 말해 주더라고요.

Q : 나의 감정을 직시한 후에 그것을 잘 달래고 건강하게 표현하기 위해서는 어떤 노력을 해야 할까요? 사실 화나 분노와 같은 부정적인 감정을 잘 달래고 건강하게 표현하는 것이 쉽지 않잖아요.

P : 부정적인 감정의 대표적인 것이 분노, 슬픔, 미움과 같은 것일 텐데요, 사실 이건 누구나 가질 수 있는 감정이에요. 그런데 이러한 감정을 밖으로 투사하는 사람이 있고, 안에 담아두는 사람이 있어요. 부정적인 감정을 그때그때 건강하게 배출하지 못하고 안에 쌓아만 두면 덩어리가 되어 마음의 독소가 될 수 있어요. 우울증, 화병, 신체화 증상으로 발전할 가능성이 크죠.
이런 부정적인 감정을 건강하게 잘 배출하려면 우선 자신의 감정을 객관적으로 바라볼 수 있어야 해요. 제3자가 되어 조금 멀찍이 떨어져서 보는 거죠. 부정적인 감정에 대해서 더 생각하고 집착하다 보면 나쁜 악순환에서 빠져나올 수가 없게 되니까요.

그리고 내 안의 부정적인 감정들은 운동과 같이 신체적인 활동으로 풀어내는 것이 좋아요. 관심을 다른 데로 옮겨 간다는 취지죠. 내 안에 부정적인 감정을 쌓아 두지 않으려면 의식적으로 밖으로 표출을 해야 하는데, 그 방법은 다양해요. 수다를 떨거나 격한 운동을 하거나 맛있는 것을 먹으면서 풀 수도 있어요.

K : 부정적인 감정을 유발하는 대상과 거리를 둘 필요도 있어요. 특히 미움이나 분노와 같이 그 대상이 분명한 감정의 경우, 그러한 감정을 일으킨 대상이나 원인에 대한 해결도 필요하죠.

Q : 그럼 누군가가 너무 밉고 싫으면 그 사람과 거리를 두면 도움이 될까요?

K : 감정이란 것은 너무 과하면 자신마저 태워 버리고 삼켜 버려요. 누가 죽도록 미우면 그 미움으로 나를 망가뜨리게 되죠. 잠도 못 자고 먹지도 못하고 일도 제대로 못하게 돼요. 그래서 우선은 그 사람에 대한 분노를

인정하되, 그에 대한 감정반응을 내가 이렇게까지 과하게 가질 필요가 있는지 생각해봐야 해요. 도대체 그 사람이 뭐길래 내가 밥도 못 먹고 잠도 못 자고, 정상적인 생활이 불가능할 정도로 분노의 감정에 휘말리는지, 과연 그 사람이 그럴 만한 가치가 있는 사람인지 스스로에게 물어보세요. 대부분은 아니란 답이 돌아올 거예요. 그렇다면 그와의 관계를 지속할 것이지 끊을 것인지를 냉정히 따져보고 결정해야 해요. 만약 가족처럼 끊으려야 끊을 수 없는 관계라면 그와 감정적으로 거리를 두는 것도 좋은 방법이에요. 형식적인 관계는 유지하되 감정은 차단하는 거죠.

Q : 그런 성숙한 감정 컨트롤이 불가능한 사람의 경우 속으로 쌓아두다가 마음의 병이 들든지 아니면 일순간 터져 나와서 묻지마 폭행이나 묻지마 살인과 같은 극단적인 행동까지 하게 되는 것 같아요. 그러면 슬픔이나 불안, 분노와 같이 나를 힘들게 하는 감정이 생기면 그때그때 배출하는 것이 좋을까요?

K : 그렇죠. 그런데 나의 감정은 '표현'하는 것이지 '배출'하는 것이 아니에요. 흔히들 자기감정을 자유롭게 배출해야지만 정신이 건강한 것처럼 오해를 해요. 그런데 막

무가내식의 감정 배출은 그 감정을 더 격하게 할 위험도 있을뿐더러 타인에겐 또 다른 의미의 폭력이 될 수도 있어요.

P : 맞아요. 사람들은 자기 감정을 전달하는 것과 폭발시키는 것의 차이를 잘 모르는 것 같아요. 감정을 세련된 방법으로 예의나 상황에 맞춰서 표현하고 전달을 해야 하는데 그냥 편하게 폭발시켜도 된다고 잘못 생각을 하고 있어서 여러 문제들이 생기는 것 같아요.

그리고 사람이 너무 감정에 치우치면 주관적으로 확대 해석을 할 위험이 커져요. 예를 들어, 다른 사람이 나에게 상처가 되는 말을 했을 경우에, '왜 그랬지?'에서 끝나지 않고 '도대체 나를 얼마나 무시했기에 그런 말을 하지?', '평소에 분명 나를 욕하고 다녔을 거야. 절대 용서할 수 없어!'라며 한도 끝도 없이 화와 분노가 점핑 되죠. 그럴 땐 한번 자기를 객관화해서, 즉 떨어져서 이성적으로 생각을 할 필요가 있어요. 분명 '나'와 관련한 일이지만 다른 사람과 이 일에 관해 얘기를 나누면서 남의 의견을 한 번 들어보는 것만으로도 시간의 간격이 생기고, 나의 이성적인 뇌가 나의 감정을 객관적으로 바라볼 수 있도록 도움을 줄 시간을 벌 수 있게 되거든요.

K : 그래서 화가 났을 때는 숫자를 열까지 세고 나서 이야기를 해보라고 하잖아요. 그 숫자를 세는 동안에 화가 조금은 가라앉고, 말이 막 튀어나오는 것을 막을 수 있으니까요.

Q : 숫자를 열까지 셀 마음의 여유가 있거나 친구나 주위 사람과 수다라도 떨면서 화의 감정을 풀어내는 것은 그나마 건강한 사람이란 생각이 들어요. 여러 이유로 고립되어 있거나 스스로 소통을 거부하는 성향의 사람이라면 어떻게 해야 할까요?

P : 군이 타인과의 소통이 아니더라도 나만의 방식으로 나를 불편하게 하는 감정들을 건강하게 푸는 사람들도 있어요. 대화나 명상, 종교 활동과 같은 방법은 아니지만 맛있는 음식을 배부르게 먹는다거나 땀 흘리며 운동을 하거나 격한 액션의 스포츠 경기나 영화, 드라마를 보면서 스트레스를 일시적으로나마 해소하기도 하죠. 주로 굉장히 단순하고 1차원적인 자극과 즉각적인 반응을 필요로 하는, 성미 급한 사람들의 감정 해소법이긴 하지만 이들의 분노가 타인에 대한 직접적인 폭력으로 가지 않으려면 다소 부족한 것일지라도 뭐든지 해야 해요.

K : 내 환자 중에 한 분은 화가 날 때 골프공을 나를 화나게 했던 그 사람이라고 생각하고 실컷 치고 나면 화가 좀 가라앉는다고 하더라구요. 이건 상대에 대한 폭력성이라기보다는 뭔가를 세차게 치고 멀리 날려버림으로써 화나 스트레스도 함께 휙 날려버리는 것으로 이해할 수 있어요.

P : 맞아요. 일종의 자기공식이고 자기암시죠. 언젠가 텔레비전 드라마에서 어떤 의사가 환자한테 너무너무 시달리고 나면 잠시 뒷방으로 들어가서 인형을 흠씬 두들겨 패더라고요. 그리곤 다시 웃으면서 진료실로 나오더군요. 훌륭한 방법이냐 훌륭하지 않은 방법이냐는 둘째치고 화를 표출하고, 화를 벗어날 수 있는 자기만의 공식을 만드는 것이 중요해요.

대상이 분명한,
과도하고 병적인 불안

불안장애

"그만, 그만이요! 숨이 안 쉬어져요. 죽을 것 같아요."

언젠가 치과에서 치료를 받다가 옆자리에서 들려오는 느닷없는 절규에 화들짝 놀란 적이 있다. 환자의 얼굴에는 치료 시에 물이 튀지 않도록 하는 치과용 소공포가 덮여 있었는데, 아무래도 그 때문인 듯했다. 다행히 환자의 증세를 알아차린 의사가 소공포를 치워주었고, 환자는 다시 호흡을 고르며 안정을 되찾아 갔다.

증세로 보아 환자는 폐소공포증으로 인한 불안장애를 겪는 분인 것 같았다. 보통의 사람은 별다른 불편함을 느끼지 못하는 한 장의 천이지만 폐소공포증 환자에게 그것은 생명의 위협을 느낄 정도로 무서운 무기가 될 수 있다. 세상을 탐색하는 눈과 코를 덮어 버렸으니 불현듯 외부와 단절되고 갇힌 듯한 느낌이 들고, 이는 곧 생명을 위협하는 공포로까지 여겨질 수 있다.

불안장애는 폐소공포증 외에도 정말 다양한 형태로 존재하며 우리의 일상과 밀접하게 닿아 있다. 고소공포증 때문에 비행기를 타지 못해서 미국까지 배를 타고 가는 사람도 있으며, 기차가 무서워 명절에 꼭 고속버스를 타고 서울에서 부산까지 가는 이들도 있다.

뿐만 아니다. 엘리베이터를 혼자 타지 못하는 사람도 있고, 자동차나 버스사고를 당한 뒤로 지하철만 타고 다니는 사람도 있다. 대구지하철 참사를 겪은 유가족은 더 이상 지하철을 타지 못하고 삼풍백화점 때 가족을 잃은 사람들 중엔 반포 지역에 더 이상 가지 못하거나, 백화점이나 대형마트 자체를 아예 못 가는 사람들도 있다.

불안감이 자라서 병이 된 '불안장애'

슬기 씨는 직장 내 건강검진을 계속 미뤄오고 있었다. 어렸을 때부터 주사바늘에 대한 공포 때문에 초등학생 이후로는 그 흔한 예방주사도 맞은 적이 없다. '이 날카롭고 뾰족한 것이 내 눈이나, 혈관을 잘못 찔러서 내가 잘못되면 어쩌지.'라는 생각 때문에 간단한 피검사도 할 수가 없었다.

슬기 씨 옆자리의 김 과장은 건강검진에서 간 수치가 무척 높게 나와 CT를 찍어보는 게 좋겠다는 진단을 받았지만 아직 병원에 가지 못하고 있다. 예전에 한번 CT를 찍다가 숨이 안 쉬어지는, 죽을 것 같은 공포를 느꼈기 때문이다. 김 과장은 그때 밀실이나 어떤 기계 안에 들어가면 내 몸이 그 안에 갇힌다는 불안을 느끼는 폐소공포증을 가지고 있다는 사실을 알게 되었다.

김 과장의 입사 동기인 최 대리는 승진에 불이익이 있음을 알면서도 입사 이후 단 한 차례도 프레젠테이션을 하지 않았다. 아니, 하지 못했다. 최 대리는 초등학교 6학년 때에 갑자기 불안장애를 경험하게 됐다. 졸업식에서 졸업생 대표로 답사를 하기로 돼 있었는데, 막상 강단에 올라가 모든 사람이 지켜보는 앞에서 말을 하려니 갑자기 온몸이 떨리고 식은땀이 나며 시야가 흐려졌다. 최 대리는 결국 선생님의 부축을 받으며 강단에서 내려왔고, 이후 오랫동안 사람들의 웅성거리는 소리가 귓가에 맴돌았다. 그날 이후로 최 대리는 여러 사람이 지켜보는 데서는 말을 하거나 발표를 하는 것이 불가능할 정도로 심한 불안장애를 겪게 되었다.

슬기 씨는 결국 미뤄온 건강검진을 억지로 받으려 하다가 주사바늘이 몸에 꽂히는 순간 기절하고 말았고, 김 과장은 병이 악화될까 매일 노심초사하면서도 아직도 CT를 못 찍고 있다. 최 대리 역시 프레젠테이션 준비를 완벽히 해두고도 발표는 후배나 동료에게 맡겨 영광은 늘 남의 몫으로 넘겨주었다.

꼭 이렇게 심각한 경우가 아니더라도 불안장애의 사례는 아주 흔하다. 무대공포증이 있어 오디션마다 제 실력을 발휘하지 못하는 가수 지망생이나 성악가들도 있고, 연습 때는 한 번도 실수하지 않던 체조 선수가 대회 때만 되면 미친 듯이 몸이 떨려 실격처리를 당하는 일도 빈번하다.

대인관계에서도 불안을 느끼게 되는 일 또한 무척 많다. 대표적인 것으로 어린 시절 엄마가 나를 떠나는 것을 두려워하면서 생기는 분리 불안을 들 수 있다. 그 외에도 연인 간의 이별이나 데이트 폭력을 겪은 뒤의 후유증 같은 것들을 들 수 있다.

우리는 왜 불안해하는가?

불안의 정의는 무척 다양한데, 넓은 의미로는 매우 불쾌하고 막연한 불편감으로 인한 신체적, 심리적 증상이 수반되는 증상을 뜻한다. 신체적 증상으로는 교감신경의 항진으로 맥박이 빨리 뛰고 호흡이 거칠어지고 뺨이 붉어지며, 땀이 나거나 근육이 긴장되는 것 등이 있다. 심리적 증상으로는 안절부절못하고, 양가감정에 시달린다거나, 일어날지도 모르는 일에 대한 걱정과 두려움을 느끼는 것 등이 있다.

불안은 정신분석의 핵심개념이며, 나의 자아와 본능, 초자아를 구분할 수 있는 기준이기도 하다. 불안의 종류를 구조론적으로 나눈다면 현실적인 불안, 신경증적인 불안, 도덕적인 불안의 세 가지로 분류할 수 있다.

먼저 현실적인 불안이란, 그 원인이 외부환경에 있는 것을 말한다. 사회·경제적인 갈등, 대인관계로 인한 문제, 진로나 미래로 인한 걱정과 고민 등이 이에 해당한다. 불경기로 인해 자영업이 오랜 불황이라던가, 수능을 앞두고 겪는 불안, 뉴스로 접하는 강력 범죄로 인한 두려움도 현실적 불안에 속하는 것들이다.

신경증적인 불안이란, 본인의 무의식에서 생기는 내부적인 불안을 말하는데, 자아와 본능과의 관계에서 이뤄진다. 신경증적 불안이라는 단어를 정립하고 해석한 프로이트는 불안을 개인에 대한 위협으로 인해 생긴 반응으로 인식했다. 우리가 생애 최초로 겪는 불안은 생존에 대한 불안, 즉 보호자인 엄마가 떠나는 것에 대한 불안이다. 특히 만 3세 이전에는 스스로 생존할 수 있는 능력이 없기에 전적으로 보호자에게 의존할 수밖에 없다. 그러니 엄마가 나를 버리면 어떡하나에 대한 근원적인 불안, 생존하지 못하는 것에 대한 공포가 우리의 무의식에 깊이 새겨진다. 이것을 '신호 불안, 예기 불안(signal anxiety)'이라고 하는데, 이렇게 학습된 공포는 애착 형성과 부모와의 관계에 아주 큰 영향을 미치고, 성장하는 데 있어 자아가 확립되고 성격이 형성되는 데에도 크게 관여하게 된다.

도덕적인 불안이란 자신의 본능과 초자아, 즉 사회정의와 도덕적인 규범과의 갈등 속에서 생긴 불안을 말한다. 인간은 누구나 원초적인 욕구인 식욕, 성욕, 공격욕 등을 가지고 있다. 그런데 이 욕구들에 대한 자동적인 충족행위를 마음대로 하게 내버려 둔다면 대인관계나 사회적인 영역에서 큰 갈등이 생길 수 있으며 법적 질서도 무너질 수 있다.

공격욕이 생긴다고 타인을 때리고, 돈 욕심이 난다고 남의 것을 뺏거나 훔친다거나, 성욕이 든다고 동의되지 않은 성관계를 강압적으로 원한다면 이는 심각한 범죄행위가 되기 때문에 우리는 누구나 자신의 원초적 욕구의 수위를 조절하며 살아가게 된다. 어떤 날은 이것이 잘 조절이 되다가도 어떤 상황과 조건에서는 이 욕망과 분노를 억압하기 힘든 순간을 경험하게 되는데, 이때 느끼는 것이 도덕적 불안이다.

사실 이러한 불안 자체가 부정적이거나 비정상인 것은 아니다. 엄마와 이별했을 때의 분리 불안이라든지, 학교에 처음 등교할 때, 첫 데이트나 프로포즈를 할 때 가슴이 두근거리고 불안한 것은 지극히 정상이다. 또 노화나 질병으로 인한 고통과 두려움으로 인한 불안도 누구나 경험하는 것들이다. 그런데 이러한 위험이나 자극으로 인한 불안이 생겼을 때 이를 어떻게 인식하고 대처하느냐에 따라 불안이 정상적으로 완화될지, 비정상적으로 악화되어 병적인 수준이 될지 나뉘게 된다.

여기엔 개인적인 성향도 크게 작용하는데, 동일한 수준의 불안이 닥쳤을 때 어떤 사람은 그것을 견뎌내고 누구는 그렇지 못한 것은 그 사람이 가지고 있는 성향, 환경, 개인적 자원이나 능력, 방어기제와 대처법에 따라 좌우된다. 예를 들어 사기를 당해서 1억 원이란 큰돈을 손해를 보게 되었을 때 누구나 불안감을 느끼지만, 전 재산이 수십억 원인 사람과 1억 원인 사람이 느끼는 불안의 강도는 전혀 다르며 이 불행을 받아들이는 태도 역시 큰 차이가 있다.

IMF나 2009년의 경제공황과 같은 국가 전체의 경제 위기 시기에도 각각이 느끼는 불안의 정도와 그것에 대한 대응은 저마다 달랐다. 내적 자원이 충분하지 못해서 극단적인 우울감이나 공황 상태를 겪은 사람이 있었던 반면, 끈기와 인내심으로 불안을 극복하고 버텨낸 사람들도 있었다.

이들의 차이를 단순히 경제적인 능력의 차이나, 인맥의 차이, 운 등으로 간단히 치부할 수는 없으며, 오히려 이들의 성향과 기질, 방어기제의 차이에서 기인된 결과라 볼 수 있다. 그리고 이 차이는 태어나 성장하는 과정에서 부모와의 애착, 대인관계에서 생긴 신뢰와 불신, 갈등을 조절하는 학습의 결과가 큰 영향을 미친다.

부모에게 사랑을 충분히 받으며 건강한 애착을 형성한 사람의 경우는 믿음과 신뢰, 긍정을 바탕으로 한 대인관계를 기반으로 위기나 위험 상황에서 분노와 불안의 감정들을 적절히 억제하고 조절하고 인내한다. 그리고 자신이 학습한 경험과 에너지를 승화시켜 성공의 밑거름으로 삼는다. 하지만 그러지 못한 경우는 부모나 친구, 가족들로부터 버림받을지도 모른다는 유기 불안으로 인해 인간관계에 대한 만성적이고 깊은 불신이 생겨 아주 피상적이고 상호 이득만을 전제로 한 대인관계밖에 만들지 못하게 된다. 이 사람들은 위기 상황에 대한 적응력이나 면역력이 무척 약하고 쉽게 좌절하는데, 회복력 또한 약하고 더디다. 이들은 쉽게 자기 부정에 빠지고 특별한 사건이 없음에도 항상 미래를 불안해한다. 그리고 분노와 불안감에 빠져 회피하고 도망치려 하거나 현실을 부정하며 실패에 도달한다.

불안장애의 종류와 증상

불안장애는 증상이나 진단적 기준으로 그 종류를 나누기도 하는데 공황장애, 공포증, 강박장애, 외상 후 스트레스 장애, 범불안장애

등이 있다. 공황장애는 갑작스레 극도의 불안을 느끼면서 숨이 막히거나 가슴이 미친 듯이 뛰는, 죽을 것만 같은 느낌이 20~30분 정도씩 지속되는 무척 괴로운 증상을 말한다.

공포증이란 특정한 대상이나 행동, 상황에 처했을 때 비현실적인 두려움이 생기면서 이를 극복하지 못하고 회피해 버리는 것을 말한다. 예를 들면 대인공포증이라거나, 무대공포증, 밀실에 갇히는 것을 두려워하는 폐소공포증 등이 공포증의 대표적인 증세이다. 이 외에도 거미나 바퀴벌레나 쥐라던가, 주사나 칼과 같은 특정 대상을 무서워하거나 물이나 바다, 수영에 대한 공포를 보이는 경우도 있다. 또 피를 보면 어지러워서 기절하게 되는(흔히 '미주신경성 실신'이라 한다) 증상도 있으며, 고층 계단이나 건물에 갈 수 없는 고소공포증이나 비행기, 지하철 공포증, 낯선 사람을 극도로 무서워하는 사회공포증도 있다.

강박장애는 내재된 불안이 반복해서 떠올라 어떤 행동(문이 잠겼는지 확인하거나, 손을 씻는 행위, 숫자를 세거나, 열을 맞추는 것 등)을 계속하게 되는 증상인데, 본인도 이를 원하지 않고 비합리적이라 느끼는 증상이다.

외상 후 스트레스 장애는 미국의 9·11 테러나 지하철 화재와 같은 큰 사고나 재난, 지진 등의 사고를 겪었을 때의 충격으로 생긴 불안감을 말한다. 전 인구의 2~3% 정도가 경험하며 남자의 경우 심각한 교통사고, 여성의 경우엔 성폭력이나 강간으로 인해 생기는 경우가 가장 많다. 사고에 대한 기억이 끊임없이 반복되어 그때의 상황을 재경험하고, 사고와 관련된 상황이나 장소를 회피하려는 증상이 나타나게 된다. 심각한 교통사고 이후 운전을 못한다거나, 성폭력 피해자인 여성이 길에서 모르는 남자가 자신을 쳐다보기만 해도 두려움에 떨며 숨게 되는 일 등을 말한다. 이 외에도 어린 시절 부모에게 정신적, 신체적 학대를 당한 경우, 성인이 되어서도 끊임없이 두려움에 시달리며 불면증과 우울증을 동반하는 것도 대표적인 외상 후 스트레스 장애의 일례라 할 수 있다.

범불안장애는 모호하고 광범위한 불안이 만성적으로 지속되는 증상을 뜻하는데, 다른 종류의 불안장애와는 달리 특별한 원인이나 불안을 제공하는 환경이 없는데도 생기는 불안을 말한다. 특별한 이유 없이 막연하게 자꾸 불안하고 무서움을 느끼고, 호흡이나 맥박이 불규칙해지거나 빨리 뛰고, 가슴이 무겁고 답답해진다거나 속이 쓰리고 배가 아픈 등의 신체적인 증상으로 변형되는 경우가 흔하다. 이런 신체적인 증상이 두드러지니 범불안장애를 호소하는 사람들은 정신과보다 먼저 호흡기내과나 심장내과를 찾게 되는 경우가 많다.

"당신의 불안보다 더 가까이에서 내가 당신을 지켜주고 있어요"

불안장애의 치료 중 가장 우선해야 할 것은 그 사람을 안정시키는 것이다. 너무나 당연해 보이는 이것을 실제로 제대로 수행할 수 있는 사람은 별로 없다. "불안해하지 마. 괜찮아질 거야."라는 말 정도만 하는 게 보통이며, 심지어 "네가 너무 예민한 거 아냐? 좀 걱정이 지나친 거 같은데?"라며 오히려 그 사람을 더 힘들게 하기도 한다.

불안하고 싶어서 불안한 사람이 누가 있겠는가. "불안해하지 마."

라는 말은 정말 그 사람의 불안을 하나도 공감하지 못하는 상태에서 나오는 말로, 가능한 하지 않는 것이 좋다. "괜찮아질 거야."도 크게 다르지 않은데, 이미 공황장애, 강박증, 외상 후 트라우마를 겪는 사람은 일 년이 지나도 오 년이나 십 년이 지나도 괜찮지 않아서 이렇게 고생하고 있는 것이다. 그러니 "불안해하지 마."나 "괜찮아질 거야."와 같은 위로는 그들의 고통에 대해 전혀 공감하지 못하고 있음을 드러내는 말이 된다.

공감이 빠진 어설픈 위로나 조언을 할 바엔 차라리 아무 말 없이 지켜봐 주는 것이 훨씬 낫다. 아무 말 없이 그 사람을 지켜봐 주고 손잡아 주고 안아 주기만 해도 80점 이상의 좋은 치료가 된다.

한 단계 더 나아간다면, 아무 말 없이 지켜봐 주면서 30분이고 몇 시간이고 그 사람의 얘기를 계속 들어주는 것도 도움이 된다. 얘기를 들어주면서 말없이 그 사람의 손을 잡아 주거나 가볍게 어깨를 감싸 준다면 더 효과가 크다. 이는 '지금 너는 안전해.'라는 신체적 메시지를 전해 주기 때문이다.

불안장애에 시달리는 뇌는 노르에피네프린과 교감신경의 흥분으로 인해 인지적인 사고가 불가능하다. 즉 말로 아무리 괜찮다고 해주어도 이를 알아듣지 못한다는 의미이다. 따라서 가벼운 포옹이나 신체적인 접촉은 그 사람을 안정시키는 데 무척이나 도움이 된다. 물론 그 사람과 굉장히 익숙하고 가까운 사람이어야 하며 스킨십을 행할 때도 천천히 조심스럽게 다가가야 한다.

이 과정을 통해 환자의 흥분이나 신체 증상이 어느 정도 가라앉았다고 생각되면 이성적이고 인지적인 접근을 시작할 수 있다. 이를 흔히 '인지 치료'라고 하는데, 왜곡된 사고 과정을 교정하는 작업을 말한다.

불안장애에서 느끼는 불안은 사실 실제보다 그것을 과장되게 받아들이고 최악의 상황을 가정함으로써 겪게 되는 경우가 대부분이다. 때문에 인지 치료를 통해 이러한 과장과 왜곡, 일반화등의 생각이 지나치다는 것을 이해시키고 오류를 고쳐 주는 것이다. 예를 들면 거미를 지나치게 두려워하는 사람에게 '거미가 실제로 사람을 공격하는 일은 거의 없으며, 독을 가진 거미는 도시에는 거의 살지 않는다.'는 정보를 이해시키는 것이다. 교통사고 이후 두려움으로 운전대를 잡지 못하는 사람에겐 '교통사고는 불운이나 피할 수 없는 운명적인 결과가 아니라, 본인이나 상대방의 운전미숙, 휴대폰 벨소리나 음악에 주의력을 빼앗겨 일어났을 확률이 더 크다.'는 것을 전달해야 한다. 안전에 대해 꼼꼼히 주의하고 사고의 위험에 대해 늘 체크한다면 사실상 큰 교통사고가 다시 일어날 확률은 무척 낮으니 말이다.

또한 공포나 불안을 느끼는 대상과 상황에 조금씩 점진적으로 노출되게 함으로써 두려움을 줄여 주는 노력도 필요하다. 예를 들면 고소 공포증 환자에게 처음엔 2층까지만 올라가게 하고 다음 날은 3층, 그 다음엔 5층까지 올라가 보는 식으로 두려움과 불안에 적응하도록 예행연습을 시켜주는 것이다. 마치 과외수업을 하듯이 진도에 맞추어 천천히 불안과 마주하도록 도와주면 어느샌가 그 사람은 꽤 높은 건물에 올라서도 예전만큼 심장이 떨리거나 무섭지 않게 된다.

불안장애를 겪는 사람에게 가장 필요한 것은 믿을 수 있는 누군가의 존재이다. 아무리 강하고 완벽한 사람이라고 할지라도 이 근원적이고 본질적인 불안감에서 혼자 빠져나오지는 못한다. 때문에 내가 불안장애를 겪는다면 병원 치료와 더불어 신뢰할 수 있는 누군가에게 도움을 요청해야 한다. 그리고 내 옆의 소중한 누군가가 불안장애를 겪는다면 그냥 그의 이야기를 들어주며 옆에 있어 주면 된다. 당신이 그토록 무서워하는 것들보다 내가 더 가까이에서 당신을 지켜주고 있음을 깨닫게 해주는 것이 가장 중요하기 때문이다.

내가 할 수 있는 것은
아무것도 없어

무기력감

살아도 사는 게 아닌 사람이 있다. 말은 하지만 나의 목소리를 낼 수 없고, 움직이지만 내가 원하는 방향으로 갈 수 없다. 누군가의 강요와 조종에 의해, 혹은 절대적인 의존으로 사는 삶은 살아도 사는 것이 아니다.

무력감은 견디기 어려운 감정이다. 내가 나의 인생에서 주인이 되지 못하고, 주변의 상황에 따라 움직일 수밖에 없는 무력하고 나약한 존재라는 느낌은 우리를 어두운 우울의 동굴로 숨게 만든다.

내가 나의 인생을 통제하고 있다는 느낌은 행복에 필수적이다. 내가 나의 인생을 통제하고 내 상황을 통제하며, 자신을 통제할 수 있다는 생각은 우리에게 어떠한 난관도 뚫고 나갈 수 있을 것 같은 자신감과 힘을 준다.

내 삶의 통제력을 상실했다는 생각만큼 무서운 것도 없다. 마치 혼자서는 아무것도 할 수 없는 무기력한 어린아이와 같은 존재라는 느낌. 누군가가 나를 구해주고 나의 상황을 바꿔 주기만을 간절히 바라는 초라하고 보잘것없는 존재라는 느낌. 한 치 앞도 보이지 않는 뿌연 안개 속을 헤매는 것 같은 느낌. 나를 짓누르는 상황이나 사람들이 밉고 화가 나지만, 화를 내고 나면 감당할 수 없는 무서운 일이 벌어질 것만 같아 숨죽여야 하는 답답함. 그리고 무엇보다도 그러고 있는 자신에 대한 한심함과 어쩌지 못하는 무력감. 이러한 무력감에 익숙한 사람은 스트레스나 난관에 부딪혔을 때 쉽게 우울에 빠지게 된다.

내 삶을 통제할 수 없다는 무력감의 반복, '학습된 무기력'

무력감은 어린 시절의 반복적인 경험에서 유래한다. 어릴 때 아이가 감당하기 어려울 정도의 스트레스에 반복해서 노출되면 아이는 아무것도 할 수 없는 왜소한 자신에 대해 말 못 할 무력감을 느끼게 된다.

난폭하고 폭력적인 사람에게 오랜 기간 반복적으로 노출되었던 경우, 어릴 적 심각한 질병을 앓았던 경험, 부모로부터 버림받았거나 보호받지 못했던 상황은 아이에게 자신이 무력한 존재임을 학습시킨다. 그 외에도 다양한 신체적 고통과 심리적인 고통이 아이의 정신세계에 스며들어, 자신은 현실에서 아무것도 할 수 없다는 느낌을 확신처럼 심어준다.

동물실험에서 개에게 피할 수 없는 전기 자극을 반복해서 주면 '학습된 무기력(learned helplessness)'의 상태가 되어, 나중에 도망가는 것이 가능해져도 도망가려는 시도를 하지 않게 된다. 이러한 동물의 학습된 무기력과 사람의 우울증 사이에는 유사점이 많다. 자신이 상황을 통제할 수 없고, 그 상황에서 빠져나올 수도 없다는 것을 반복해서 경험하게 되면 아이의 정신 구조 내에 무력감이 스며들게 되고, 이러한 무력감은 아이가 세상 일에 대해 자신을 대입시키는 틀이 된다. 그리고 훗날 어떤 충격적인 상황에 노출되었을 때 그의 마음속에 있던 기본적인 무력감이 활성화되고, 그는 무기력한 우울에 빠지게 된다.

정신분석가 에드워드 비브링 Edward Bibring은 우울이란 불안과 마찬가지로 자아(ego)의 기본적인 정서 반응이라 했다. 우울한 사람의 자아는 억제되고 마비되어 위험을 직면할 능력이 없는 것처럼 보인다. 절망적인 상황에 직면했을 때, 자신이 무장해제 된 듯한 느낌이 들고 도망갈 수 있는 출구가 없는 것처럼 보이며, 결국 자신이 아무것도 아닌 것처럼 느껴지게 된다. 누군가 자신을 떠날 때도 스스로가 힘이 없고 무기력하며 가치 없기 때문에 결국 거절당했다고 느끼게 된다.

반면 어린 시절에 어머니와 지나치게 밀착되어 어머니로부터 과도한 만족이 주어진 경우에도 아이는 본인 혼자서는 아무것도 할 수 없으리라는 무기력감에 잠기게 된다. 아이는 어머니에게 지나치게 의지하게 되며, 자신을 우월한 어머니에 비해 열등하고 초라한 존재로 느끼게 된다. 그리고 훗날 질병과 같은 스트레스 상황에 놓일 때, 혼자서는 아무것도 할 수 없었던 어린 시절의 기억이 재생되어 그를 극심한 무기력감에 빠지게 한다.

도전도 하기 전에 항복부터 선언하는 승훈 씨

승훈 씨는 조용하고 소심한 성격이지만 성실한 청년이다. 좋은 대학을 나왔지만 취업시험에 줄이어 실패한 후 학원에서 강사로 일하고 있었다. 학원에서의 생활은 매달 따박따박 들어오는 월급 외엔 만족스러운 데가 하나도 없었다. 특히 경쟁적인 분위기의 학원 시스템이 마음에 들지 않았고, 제멋대로에 통제 불가능한 아이들을 볼 때마다 자신이 무능력하게 느껴지고 얕잡아 보이는 것 같아 갈등이 많았다.

이러지도 저러지도 못하고 고민만 하던 중에, 승훈 씨는 친구의 권유로 국가고시 자격증을 따기 위한 공부를 시작했다. 학원을 관두고 고시원에 들어가 공부를 시작한 승훈 씨는 일 년 후 1차 시험에 합격했다. 그런데 2차 시험을 준비하던 중에 불현듯 자신감이 줄어들고 불안감이 밀려오기 시작했다.

"1차에 합격한 것이 내 실력이 아니라 운이 좋았기 때문이란 생각이 들었어요. 그러면서 2차 시험에 실패할 것 같은 불안감이 커졌어요. 그리고 설령 시험에 합격한다고 해도 내가 그 일을 잘 해낼 수 있을까 하는 회의감까지 생겼구요."

자신감이 줄고 불안감이 커지면서 공부에 집중하기가 점점 더 힘들어졌다. 마음이 편치 않으니 소화가 안 되어 식욕이 사라지고 체중도 점점 감소했다. 밤에 잠을 자다가도 자주 깨게 되고 낮에는 항상 피로감을 느껴 공부 중에도 엎드려 자기 일쑤였다.

이런 자신에 대한 실망감과 시험에 대한 불안감이 커지면서 승훈 씨는 점점 더 우울해졌고, 어느 순간부터는 자신의 삶엔 아무런 희망이 없는 것 같은 무기력감과 무희망감에 빠지게 되었다.

"잠이라도 잘 자면 좀 나아질까 해서 선생님을 찾아왔어요."

슬프고 지친 표정의 승훈 씨는 앞으로 어떻게 살아야 할지 모르겠다며 막막함을 호소했다. 그는 누군가 자신을 좋아해주고 인정을 해주는 분위기에서는 비교적 잘 생활해 왔다. 그러나 취업 시험이나 자격증 시험과 같은 성취해야 할 일을 앞에 두면 왠지 자신이 없어지고, 과연 자신이 잘 해낼 수 있을까 하는 회의가 들면서 자연스레 우울감에 빠져들었다.

그에게는 과거에 비슷한 경험이 몇 번 있었는데, 처음은 고3 때였다고 한다. 대학 입시 공부를 하면서 자주 몸이 아프고 집중이 안 되며, 자신감도 많이 떨어져서 결국 목표하는 과에 가지 못했다. 당시엔 그냥 고3병이라 생각하고 힘들어도 어떻게든 버텨냈다. 그런데 대학에 진학한 후에 승훈 씨는 또다시 이러한 경험을 하게 된다.

승훈 씨는 동아리 활동을 하면서 선배들과 친해지고, 학교생활에 재미를 느꼈다. 열심히 동아리 활동을 한 덕분에 3학년이 되어서는 동아리 회장으로 추대되기도 했다. 그런데 이때부터 승훈 씨의 불안감이 다시 고개를 들기 시작했다.

"내가 과연 동아리를 제대로 이끌 수 있을까에 대해 의문이 생기고 점점 자신이 없어졌어요. 게다가 제가 회장이 되면 적극적으로 도와주겠다던 친구들이 학점에 신경 쓰느라 하나둘 동아리를 탈퇴하니 배신감까지 들었어요."

불안감이 커지면서 승훈 씨는 학교에 가기가 두려워지고 동아리 방의 문만 봐도 가슴이 뛰었다. 그런 자신을 남들이 비웃는 것 같아 사람들을 피하게 되었고, 점점 더 무기력해져서 결국 일 년 휴학 후 도망치듯 군대에 입대했다.

"어릴 때 아버지가 사업을 하셨는데, 제가 네 살 때에 부도가 나서 집이 많이 힘들어졌어요."

당시 사람들이 찾아와 집에서 행패를 부리고 어머니가 울던 일이 승훈 씨의 기억 속에 영화의 한 장면처럼 박혀 있었다. 더군다나 이후로 아버지는 술을 자주 마셨고, 그때마다 가족에게 폭언과 폭행을 일삼았다.

이런 일이 있을 때마다 어머니는 울면서 어린 승훈 씨에게 자신의 신세에 대해 한탄을 하곤 했다. 승훈 씨는 어떻게든 집안을 일으켜 어머니를 행복하게 해드리고 싶은 마음에 공부에 더욱 몰두했다. 그러나 아버지는 사소한 잘못에도 입에 담지 못할 욕을 하며 때리기 일쑤였고, 전교에서 1등을 해도 칭찬은커녕 "그따위 학교에서 1등을 한 것이 자랑이냐."며 면박을 주곤 했다.

"당신은 생각보다 훨씬 더 괜찮은 사람이에요"

자아가 감당하기에 너무 힘든 현실은 상처가 된다. 안나 프로이트 Anna Freud는 외상이란 자극과 자아의 실제적인 능력 사이의 간극을 말한다고 정의했다. 이러한 외상의 자극은 압박감을 주고 텅 빈 느낌을 불러온다. 텅 빈 느낌이란 무기력하고 힘이 없는 느낌, 죽음과 같은 위협 아래에서 나의 의지를 박탈당한 느낌, 아무런 희망도 없이 갇혀 있는 듯한 느낌을 말한다.

승훈 씨의 전반적인 기분을 지배하는 무기력감은 어린 시절에 학습된 것이다. 가족들의 힘으로는 어찌할 수 없는 경제적 몰락이라는 충격을 받고 승훈 씨는 세상의 무서움을 처음 배웠다. 그리고 무기력하게 한숨짓고 우울해하는 어머니로부터 그의 무기력감은 한층 더 심화 학습 되었다. 거기에다 가족들을 괴롭히는 아버지 앞에 막무가내로 당하고만 있는, 어머니를 보호하지 못하는 자신을 더욱 초라하고 무기력하게 느꼈다.

승훈 씨의 마지막 무기력감은, 그럼에도 불구하고 자신은 이러한 가족관계로부터 빠져나올 수 없으리란 무기력감이다. 승훈 씨는 어린 시절 내내 막연히 안개 속을 헤매는 것만 같은 느낌을 받았으며, 누군가 나타나서 안개 속의 길을 인도해 주길 간절히 원했다. 그러나 자신에게 방향을 가르쳐주고 인도해 줄 수 있는 사람은 아무도 없었기에 결국 모든 것을 혼자 해야만 했다. 그리고 그는 마치 길 잃은 어린아이와 같은 기분으로 여태껏 살아왔다고 말했다.

승훈 씨는 치료가 진행되면서 서서히 어릴 적 경험했던 두려움과 분노를 쏟아놓기 시작했다. 그러면서 자신이 스스로를 초라하고 보잘 것 없는 무력한 존재로 느꼈던 것은 진짜 자신의 모습이 아니라 어린 시절의 기억들이 각인되었기 때문임을 알게 되었다.

승훈 씨는 그간 자신이 공부도 못하고 잘 하는 것이 하나도 없다고 생각해 왔다. 내가 "당신은 우리나라 최고의 대학인 ○○대학교를 졸업하셨잖아요."라고 하니 그는 몰랐던 사실을 깨달은 것처럼 "아, 정말 그러네요."라며 신기해했다. 그러나 그는 이내, 운이 좋아서 어쩌다 ○○대학교에 합격했고, 벼락치기 공부를 했는데도 운이 좋아서 졸업까지 했을 뿐이라고 항변했다.

"지금의 제 모습을 보세요. 대학 졸업 후에 제대로 된 직장에 취직도 못하고 실패만을 반복해 왔어요. 전 가족들의 기대를 저버린 한심한 사람이에요."

승훈 씨는 벼락치기 공부로 좋은 학점을 딸 수 있는 것이 얼마나 큰 잠재력인지 알려고 하지 않았다. 면접시험에서도 그의 자신감 없는 태도가 당락에 어느 정도 영향을 주었을 것이란 내 말에, 그는 그 또한 자신이 능력이 없다는 것을 보여 주는 증거라고 주장했다.

"아니에요. 그건 모두 제가 못나서 그래요. 제가 무능력하고 못난 사람이라 그런 결과가 벌어진 거예요."

승훈 씨는 마치 자신의 무기력함과 무능함을 애써 증명하려는 사람처럼 느껴졌다. 그리고 그러한 말과 행동의 뒷면에는 부모의 무기력을 비난하고 고발하고 싶은 마음이 숨어 있었다.

소량의 항우울제를 복용하는 약물치료와 더불어 면담이 거듭되는 과정에서 승훈 씨는 점차 우울한 기분에서 회복되기 시작했다. 그리고 어릴 적의 기억들을 이야기하면서 당시의 두려움과 분노 등 자신을 억압해왔던 감정을 쏟아냈고, 차츰 자신의 감정에 대한 자신감을 되찾아 갔다. 즉, 이전에는 감정이 터져 나오면 자신도 아버지처럼 통제하지 못하고 난폭해질 것이라는 두려움이 있었는데, 이제 그러한 감정이 튀어나와도 오히려 홀가분하게 느끼며 자신이 자기의 감정을 통제할 수 있다는 자신감을 회복하게 된 것이다.

이후 치료와 면담이 이어지면서 승훈 씨는 서서히 자신의 장점을 발견해갔다. 그렇게 어려운 상황에서도 탈선하거나 포기하지 않고 열심히 노력해서 여기까지 온 자신을 대견하게 느끼게 되었다. 그리고 아무도 자신을 좋아하거나 사랑해줄 것 같지 않았는데, 실은 자기 옆에서 진정으로 자신을 염려해 주고 생각해 주는 친구들이 많다는 것도 새삼 깨닫게 되었다. 또한 자신은 나쁘거나 무능한 사람이 아니라, 노력한 만큼 결과를 얻는, 아니 어쩌면 그보다 조금 더 능력이 있는 괜찮은 사람일지도 모른다는 희망을 가지면서 승훈 씨는 여태껏 자신을 짓눌렀던 우울과 무기력에서 벗어날 수 있었다.

내 삶의 주인이 되는 경험이 중요하다

인간을 만물의 영장이라고 하지만, 사실 인간은 무력한 존재다. 자신의 의지와는 상관없이 세상에 태어나고 자신이 원하지도 않은 여러 일을 겪어야 한다. 뿐만 아니다. 때론 병에 걸리기도 하고, 이별을 경험하기도 한다. 그리고 인간은 언젠가는 죽고 마는 무기력한 존재이기도 하다.

인간이 생로병사와 같이 자신의 의지로 통제할 수 없는 일들을 겪는다고 해서 늘 무기력감에 시달리는 것은 아니다. 인간은 성장의 과정에서 크고 작은 시도와 도전, 그리고 성공과 실패라는 결과를 통한 배움의 과정을 겪으며 희망과 의욕을 더욱 성장시켜 간다. 하지만 승훈 씨처럼 어린 시절에 반복된 좌절로 무기력감을 학습하게 되면 이후 성인이 되어서까지 매사에 무기력한 모습을 보이게 된다.

무기력감은 매우 고통스러운, 견디기 힘든 감정이다. 때문에 우울증 환자를 치료하는 데 있어 이러한 무기력감을 극복하도록 도와주는 것이 중요하다. 우울증에 효과적인 인지치료도 사실 따지고 보면 환자들의 무기력감을 극복하도록 돕는 방법이라고 볼 수 있다.

내가 내 생각을 통제할 수 있고, 그에 따라서 내 감정을 변화시킬 수 있다는 경험은 우울한 사람들에게 다시금 자신의 몸과 마음의 주인이 된 기분을 되찾게 해준다. 내가 나의 감정을 통제할 수 있다면 그것은 내가 이 죽음과도 같은 무력감과 우울 앞에서 당하고만 있지 않아도 된다는 것을 의미하기 때문이다.

"우리 인생의 여정 가운데서 나는 어두운 숲에서 길을 잃었다네. 제대로 난 길을 몰랐기 때문이라네."라는 단테의 시 구절처럼 우울은 길을 잃은 상태와 비슷하다. 이런 무기력한 상태에서 길을 잃고 두려움과 고통에 짓눌려 헤매고 있을 때, 우선은 그 어두운 안개 속에서 빠져나오는 방법을 알려 주는 것이 그들에겐 필요하다. 이런 맥락에서 인지치료가 심한 우울증으로 고통스러워하는 환자들에게 우선적인 도움이 될 수 있다. 그리고 이러한 안개를 빠져나온 후에, 그들의 심리적 어려움이나 갈등에 대한 좀 더 근본적이고 체계적인 접근이 도움이 된다.

스스로를 상처 내는 사람들

/

자해

병원에서 마음의 병을 앓는 다양한 연령대의 사람들을 만나지만 청소년의 경우엔 특별히 더 마음이 쓰인다. 마음과 생각이 아직 여물지 않은, 여리고 보드라운 그 아이들은 가정과 학교, 사회에서 받은 스트레스와 상처를 건강하게 풀어내는 방법을 잘 알지 못한다. 그래서 때론 폭력적이고 공격적인 문제 행동을 하게 되고, 개중에는 그 폭력성과 공격성이 자신을 향하는 경우도 적지 않다.

대한민국은 2007년 이후 줄곧 청소년의 사망원인 1위에 자살이 있다. 그리고 OECD 국가 중 청소년 자살률 1위라는 불명예를 안은 국가이기도 하다. 10년이 넘도록 수많은, 꽃 같은 아이들이 생의 저

편으로 떠밀려가는데도 왜 나아지기는커녕 더 심각해지는 것인지 안타까움이 크다. 더군다나 최근에는 자신의 몸을 자해하는 청소년들이 늘고 있어 마음이 더욱 무겁다.

언젠가부터 청소년들 사이에 자해하는 사진이나 영상을 SNS에 올리는 것이 유행처럼 번지고 있다. 2018년 후반기 기준으로 인스타그램, 트위터 등 SNS에 자해와 관련된 게시물만 수만 건에 달하고, 심지어 자해하는 사람을 가리키는 '자해러'라는 신조어까지 등장했다.

누군가는 이들을 두고 '관종'이라고 말하기도 하지만, 청소년 네명 중 한 명은 일상생활이 힘들 정도의 깊은 슬픔과 절망감, 우울감을 느낀 적이 있다는 통계자료만 보더라도 자해는 마음의 고통을 호소하는 구조 요청의 신호로 이해되어야 한다. 또한 분노와 두려움, 우울의 가시가 자신에게 향해 있는 만큼 깊은 이해와 함께 따뜻하고 신중한 접근이 필요하다.

누군가의 따뜻한 손이 필요했던 동호의 절규

동호는 중학교 1학년 때부터 왕따를 당했다. 특별한 이유는 없었다. 그저 반에서 제일 인기 있고 잘나가는 친구에게 찍혔다는 사실이 도화선이 되었다.

평범한 외모에 평범한 키, 평범한 성적. 중산층보다 약간 떨어지는 부모의 재력 등은 동호를 왕따로부터 지켜주기엔 부족한 조건들이었다. 집단으로 때리거나 금품을 갈취하는 행위는 없었지만 마치 없는 사람인 양 따돌리고 무시하기 시작했고, 급기야 학교에서 동호에게 말을 거는 사람은 아무도 없게 되었다.

견디다 못한 동호는 전학을 선택했지만 새로 옮긴 학교에서도 여전히 왕따를 당해야 했다. 이전 학교에서 왕따였던 것이 전학 첫날부터 학교 전체에 다 퍼져서 아무도 상대해주지 않은 것이다. 동호는 자퇴를 하거나 완전히 다른 지역으로의 전학을 희망했지만 부모님은 좀 더 버텨보자는 말 이외에 실질적인 도움을 주지 못했다.

갑작스레 자신에게서 등을 돌린 친구들, 그리고 무력한 부모에게 절망한 동호는 어느 날 억울함과 화를 참지 못해 벽에 이마를 박았다. 일종의 시위였다.

"나 지금 이렇게 힘든데 왜 엄마 아빠는 몰라줘? 내 잘못이 아닌데 왜 내가 이상한 것처럼 말해?"라고 소리치며 머리를 벽에 쥐어박는 동호의 모습에 부모님은 당황하며 안절부절못했다. 그런데 동호는 그런 부모님의 모습이 더 놀라웠다. 그동안 수도 없이 힘들다고 말하고 너무 화가 난다고 말해도 건성으로 듣던 부모님이 확연하게 달라졌고, 자신의 행동과 말에 바짝 긴장하기 시작했다.

"그날부터 부모님이 달라졌어요. 내가 뭘 하는지, 상태가 어떤지 하루에도 몇 번이나 묻고 직접 살피러 오셨죠. 사내자식이 그 정도도 못 참느냐고, 여기서 적응을 못하면 다른 데서도 마찬가지라며 내 탓만 하던 아버지가 이젠 방에서 쿵쿵 벽에 이마를 박는 소리가 나면 무조건 달려오셔서 나를 달래줬어요."

동호는 관심과 애정이 필요했다. 친구도 학교 선생님도 주지 않았던 그것을 부모에게서라도 얻고 싶었다. 이후 자해의 방법은 다양해졌고 강도도 점점 세졌다. 덕분에 부모님은 잔소리 대신 동호에게 관심을 더 기울여 주셨다.

이러한 방법이 나쁘다는 건 동호 자신도 알고 있었다. 하지만 그것 외에는 외로움과 고립감, 우울감을 달랠 방법이 생각나지 않았다.

"너무 힘들어서 이렇게라도 소리치고 싶은 건지, 아니면 아예 죽어버리고 싶은 건지 잘 모르겠어요."

깊은 혼란과 죄책감에 힘들어하면서도 동호는 자해를 멈출 수가 없었다.

자신을 해치는 잔인한 칼날 '자해'

자해의 사전적 정의는 자발적으로 자신의 신체에 손상을 입히는 행위다. 이는 자살의 시도행위와는 조금 다른 양상을 보이는데, 자해란 일종의 분노나 우울감의 폭발, 행동화, 배설의 수단으로 사용되는 행동방식이다. 자기 파괴의 한 형태로 볼 수 있으며, 스스로 그 우울감과 분노를 감당하지 못할 때, 자신을 지나치게 탓하거나 벌하고 싶을 때 나타나는 행동이다. 평소에 해소되지 못하고 몸 안에 쌓여있는 분노에 대한 억압이 일시적으로 풀렸을 때 충동적으로 공격성이 표출되는 것이다.

자해의 이유는 다양하다. 스스로가 너무 미워서, 혹은 다른 사람이 너무 밉지만 직접 위해를 가하기 무섭거나 어려운 경우, 사회적으로 제약이 많은 경우에 그 화살이 자신에게 향한다. 어이없는 실수로 중요한 발표를 망쳐서 책상을 내리치는 아주 가벼운 것부터 분노를 참지 못하고 주먹으로 벽이나 유리창을 깨는 행위, 손목이나 신체에 상처를 내는 행위 등 종류는 다양하다.

죽이고 싶도록 미운 사람이 있지만 실제 행동에 옮겨서는 안 되기에 자해를 하기도 하고, 가까운 가족이나 부모에게 일시적으로 격한 분노와 공격성을 느꼈을 때 죄책감이나 자신에 대한 징벌의 의미로 자해를 하는 경우도 있다. 그런데 일시적으로 분노가 폭발해서 극단적으로 치닫는 것은 누구나 경험할 수 있는 일이기에 자해까지 생각하면서 자신을 책망할 필요는 전혀 없다.

한편 자해는 일시적으로 긴장을 완화시켜주는 역할도 한다. 분노와 충동으로 우리의 뇌가 극도로 흥분할 때 노르에피네프린과 도파민 수치가 급격히 상승하는데, 모든 자극에 지나치게 과민한 상태가 된다. 이때 자해 행동이 심리적 폭발을 일시적으로 멈출 수 있게 해주고 한차례 흥분을 가라앉히게 한다.

자해로 인해 생긴 고통은 엔도르핀을 생성하는 베타 엔도르핀을 증가시켜 쾌감을 주는 효과도 있다. 그래서 이 쾌감을 얻고 싶다는 기대심리로 자해를 반복하는 경우가 있다. 하지만 이러한 쾌감은 일시적인 것이며, 비슷한 쾌감을 얻기 위해서는 지속적으로 더 큰 통증이 필요해진다. 통증과 쾌감에 일종의 내성이 생기기 때문이다. 이로인해 결국 자해 행동의 강도가 점차 강해지고 빈도도 늘어나기 때문에 갈수록 더 위험해질 수 있다.

자해를 행하기까지의 심리적인 고통, 그리고 자해로 인한 육체의 고통도 안타깝지만 자해가 자살로 이어지는 경우가 있기에 더욱 세심한 주의가 필요하다. 혹자는 "정말 죽고 싶은 마음이 있으면 자해를 하겠느냐, 더 확실한 방법을 택하지."라는 말을 하는데 이것은 대단히 잘못된, 무신경한 생각이다.

자해를 하는 사람 중에는 정말 죽고 싶은 마음에 충동적으로 행동하는 이도 분명 있다. 게다가 자살을 시도하는 사람 중에 한두 번만에 성공하는 사람은 거의 없다. 평균적으로 4~5회의 시도 끝에 성공을 하고, 처음부터 확실한 방법을 쓰는 사람도 드물다. 죽기로 결심했지만 막상 죽는다고 생각하니 두렵고 무섭기 때문이다.

더군다나 죽을 만큼 힘들고 고통스러운 사람도 최대한 죽지 않고 해결할 방도를 찾으려 애쓴다. 그리고 누군가가 자신을 멈추게 하고 도와주기를 마지막까지 간절히 바란다. 이는 명백한 사실이다. 때문에 처음의 시도는 비교적 신체에 큰 손상을 주지 않는 가벼운 자해로 끝날 가능성이 높다. 하지만 이를 간과해서는 안 된다. 몇 번의 시도를 통해 습관화가 되는 동안 우울감은 더욱 깊어지고 악화되기 때문이다.

자해란 어찌 보면 죽기 위해서가 아니라 죽고 싶은 욕구와 절망감을 참아내려는 필사적인 노력이고 외침이다. 이 외침을 주변에서 아무도 듣지 못하고 무시하다 보면 결국 자해는 자살로 끝을 맺게 되는 것이다.

동호 역시 반복되는 절망감과 고립이 우울감을 단단하게 만들었고, 생계에 바쁜 부모님, 담임 선생님, 친구들 그 누구도 동호의 SOS

에 응답하지 않았다. 결국 그 외침을 전달하기 위해 극단적인 방법을 쓸 수밖에 없었던 것이다.

물론 반복적으로 자해를 하는 사람 중에는 죽고 싶다는 생각보다는 특정 상대에게 버림받지 않기 위해 자해를 무기로 사용하는 경우도 있다. 예컨대 연인의 이별 통보를 받아들일 수 없어서 자해를 하고, 그것이 통하면 이후로도 이별의 위기를 겪을 때마다 반복적으로 자해를 하는 것이다.

이는 경계성 인격장애로 볼 수 있는데, 이들은 누군가에게 버림받아 혼자가 되는 것을 극도로 두려워하며 지속적인 유기 불안에 시달린다. 버림받지 않기 위해 상대방을 공격하고, 죄책감을 유발해 자신이 원하는 행동을 하도록 조종한다. 충동적인 언행을 보이고 교묘한 말로 남 탓을 하거나 목적을 위해 반복적인 자해 행동을 보이는데, 이는 신체에 큰 손상이 없는 가벼운 정도에 그친다.

이들이 죽고 싶다는 충동 없이 자해를 반복적으로 행한다고 해서 가벼운 투정 정도로 보아 넘겨서는 안 된다. 이들 안에 잠재된 공격성과 폭력성이 자해라는 비이성적인 행동으로 표출된 만큼 전문적인 치료와 함께 가족이나 친구 등 가까운 이들의 지속적인 관심이 필요하다.

지금 네가 아픈 건 예쁜 꽃을 피우려 그런 거야

동호와 면담을 진행하면서 나는 "그래도 세상은 살만한 곳이다. 언젠가는 좋은 일이 있을 거야."라고 말해도 보고, 힘이 되어 주고 희망을 줄 말한 명언이나, 격언, 강연도 보여줬다. 그러나 동호에게 그것들은 아주 잠깐의 위로가 될 뿐 상처 나고 아픈 마음을 조금도 치유해주지 못했다.

나는 동호의 손목에 매번 새롭게 늘어나는 상처들을 보며, 지금껏 내 머릿속에 있던 수많은 전공서적과 심리학, 정신분석학 책들을 덮었다. 그리고 뻔한 위로의 말들도 하지 않았다. 대신 그 어느 때보다 마음을 활짝 열고 가슴을 따뜻하게 데웠다. 그리고 사과를 했다. 너에게 아무런 도움도 위로도 돼주지 못해서 너무 미안하고 너무 부끄럽다고.

"내가 대체 어떻게 하면 너에게 도움을 줄 수 있겠니?"

의사 가운을 벗고 나는 동생을 아끼고 염려하는 형의 마음으로 동호에게 물었다. 그러나 아이는 "모르겠어요."라고 대답하며 힘없이 한숨을 내쉬었다. 친구도 선생님도, 심지어 부모도 자신을 외면한다고 생각하는 동호에게 나는 어설프지만, 진심으로 마음의 손을 내밀어 편지를 썼다.

> 사실 시간이 지난다고 모든 게 좋아지진 않아. 오히려 더 나빠질 수도 있어. 하지만 나는 네가 스스로를 상처 내고 아프게 하는 것보다 더 나쁜 상황은 세상에 없다고 생각해. 네가 20살이 되고 25살이 되고, 혹은 선생님 나이가 되어서 지금

을 다시 되돌아볼 수 있기를 바라.

어쩌면 웃으며 떠올릴 수도, 어쩌면 여전히 힘든 마음으로 지금을 되돌아볼 수도 있겠지. 하지만 적어도 깨닫는 게 있을 거야.

'난 그 순간을 견디고 버텨냈구나. 죽을 만큼 힘들었지만 나는 죽지 않고 잘 견뎠구나.'

분명 그때가 되면 너 스스로가 무척 대견하고 자랑스러울 거야. 그리고 큰 아픔을 잘 견뎌온 너의 시간은 삶의 모든 순간 가장 큰 힘과 원동력이 돼줄 거야. 선생님은 그걸 확신한단다!

정신과 의사라는 사람이 동호에게 이 정도의 말밖에 못해줘서 참으로 부끄러웠지만, 나는 아이가 겪는 슬픔과 깊은 괴로움은 결국엔 사랑으로 치료할 수밖에 없다는 결론을 내렸다.

가장 가까이에 있는 부모든 상처를 주었던 친구든 나와 같은 의사든, 그 누구든 단 한 명만이라도 아이의 손을 꼭 붙잡고 "많이 힘들지? 네 마음 다 알아. 언제나 널 응원하고 널 사랑해."라고 말해준다면 분명 아이는 다시 건강한 마음을 되찾을 수 있으리라 믿었다. 그리고 무엇보다 동호 스스로가 자신을 더 많이 사랑할 수 있기를 바랐다.

언젠가는 "세상의 모든 아름답고 귀한 꽃은 흔들리며 가지를 세우고 꽃을 피운단다. 네가 좀 더 세게, 아프게 흔들리는 것은 네가 그만 큼 더 귀하고 아름다운 꽃을 피우려고 그런 거란다."라던 내 말에 동 호가 고개를 끄덕이며 환하게 웃어주리라 기대해 본다.

일하는 여자로
산다는 것

/

워킹맘의 고충

하루에 두 번 출근하는 사람들이 있다. 바로 일하는 기혼 여성들이다. 아침엔 회사로, 저녁엔 집으로 출근을 하고, 커피 한 잔의 여유도 온전히 즐기지 못한 채 온종일 동동거려야 한다. 그러고도 욕을 얻어먹기 일쑤다.

불과 이십여 년의 세월을 건너오는 사이 맞벌이는 선택이 아닌 필수가 되었다. 이러한 급격한 사회 변화 속에서 가정과 사회에서의 두 가지 역할을 동시에 해내야 하는 여성은 더 많은 갈등과 혼란을 겪게 되고, 그 결과 우울감에 시달리기도 한다.

미국의 여성의학 전문가인 브렌트 보스트 Brent W. Bost 박사는 이러한 갈등에 시달리는 여성들을 '바쁜 여성 증후군'으로 설명한다. 그에 따르면 미국의 25~55세 여성 네 명 중 한 명이 체중 증가와 성욕 저하, 침울함, 피로 등의 증상에 시달리고 있다고 한다. 우리나라는 이보다 더하면 더 했지 아마 덜하지는 않을 것이다.

퇴근 후 남자들은 "일하고 왔으니 이젠 좀 쉬자."며 당당히 휴식을 취한다. 하지만 여자들은 직장에서 일을 하느라 아이들과 가족을 돌보지 못했다는 죄책감과 비난에 얼른 앞치마부터 둘러맨다. 지친 몸과 마음이 쉴 틈을 가지지 못하고 하루 종일 종종걸음을 치니 만성 피로와 긴장 상태에 놓이고 우울감이 커지는 것이다. 오래전에 나도 이러한 점에 대한 불만을 이야기하다 남편으로부터 "누가 여자로 태어나래?"라는 비아냥거림을 듣곤 분개한 기억이 있다.

여자로 태어난 것이 죄가 되는 사회에서 여성으로서의 정체성을 자랑스럽게 여기고 이를 유지하면서, 자아실현을 위해 나아가는 것은 애당초 힘든 일인지도 모른다. 그럼에도 차선의 방책이라도 찾아 스스로를 위로하고 토닥여야 한다. 그래야 마음이 덜 아프다.

직업적 정체성과 여성성의 정체성

일 잘하는 남자는 멋진 남자다. 그렇다면 일 잘하는 여자도 멋진 여자인가? 글쎄다. 남성의 경우 직업적 정체성이 남자로서의 정체성에 힘을 보태어 더 강하고 매력적인 남성으로 만들어 준다. 즉 직장에서 인정받는 유능한 남자는 유능한 남편이자 유능한 아빠로 동시에 승격되는 것이다. 그러나 여자는 그 반대다. 여자의 경우 직업적 정체성은 오히려 여성으로서의 정체성과 충돌하여 갈등을 만들어 내기도 한다.

여성은 성장 과정에서 타인과의 관계를 중요하게 생각하고, 다른 사람의 감정에 귀를 기울이기 때문에 다른 사람과 공감하고 관계를 맺는 능력이 발달하게 된다. 또 '좋은 관계를 맺는다.'는 것을 매우 가치 있는 일이라 인식하게 되고, 살아가면서 이러한 관계 속에서 자신의 가치를 발견하게 된다. 즉, 내 울타리 안의 사람들과 좋은 관계를 맺으며 그들을 잘 보살피는 것이 여성으로서의 최고의 가치라 여기는 것이다.

그런데 여성이 직업 활동을 통해 전통적인 남성의 세계로 들어가는 과정에서 이러한 가치는 또 다른 가치와 충돌하게 된다. 사회 체계는 관계를 맺는 것보다는 생산과 성취에 더 많은 관심을 보이는데, 이러한 분위기는 관계에 정체성을 두고 있는 여성들에게 갈등을 불러일으키게 된다.

일하는 여성의 가장 큰 고충은 '일하는 여자'에 대한 사회적인 편견도, 직업 환경에서 여성에 대한 배려의 부족도, 승진 기회의 부족도 아니다. 그것은 바로 스스로가 무언가 부족하고 잘못하고 있을지도 모른다는 자신에 대한 회의와, 전통적인 여성상에서 벗어난 자신에 대한 죄책감이다. 어쩌면 이러한 역할 갈등은 일하는 여자가 가지는 공통적이고 태생적인 갈등일지도 모른다.

나는 인턴 때 대학 동기와 결혼을 했다. 그리고 원치 않게 곧바로 임신을 했다. 임신 초기에 외과를 돌 때였다. 그날따라 중환자실에서 환자 세 명에게 CPR(심폐소생술)을 해야 하는 상황이 잇달아 벌어졌다. 일손은 부족하고 사람들은 이리 뛰고 저리 뛰고 정신없이 돌아가는 상황에서, 그리고 눈앞에서 환자가 죽어가는 것을 보면서 '나 임신 중이에요.'라며 뒤로 빠질 수도 없는 상황에 놓이게 되었다.

우선 급한 대로 암부백(AMBU-bag)을 잡고, 또 일이 터지면 달려가서 심장마사지를 시행했다. 배가 뭉치는 걸 느꼈지만 아기가 무사하기만을 바랄 뿐이었다. 그리고 그날 밤 유산을 하고 말았다. 나는 그날 처음으로 의사가 된 것을 후회했다. 유산된 아기에게 지울 수 없는 죄를 짓고야 말았다는 죄책감, 아기를 보호하지 못했다는 자책감으로 한참을 울었다. 그런데 지금도 그때와 똑같은 상황이 되면 내가 어떤 행동을 할지 자신이 없다. 의사의 본능을 따를지, 엄마의 본능을 따를지 선뜻 답을 할 수가 없다.

나를 비롯한 많은 일하는 여성들이 가정과 아이를 잘 돌보지 못하는 것에 대한 내외적 질책에 시달린다. 여성들은 세상으로 나와 있을 때는 '남성처럼' 느끼고 생각하고 행동하라고 하고, 가정에서는 전통적인 여성의 방식을 유지하라는 이중의 명령을 받는다. 즉 전통적인 여성으로서의 정체성과 사회적 정체성이라는 이중의 정체성을 통합해야 하는 과제를 안게 되고, 그 과정에서 많은 여성들이 불안과 혼동, 죄책감을 느끼게 된다.

이 두 가지 상반된 정체성은 사실 여성의 문제만이 아니라 사회가 유지되고 발달하기 위해서 꼭 필요한 사회의 정체성이기도 하다. 그러나 사회는 이 두 개의 정체성을 여성들이 알아서 통합하라고 방관

한다. 자율적 정체성과 관계적 정체성 사이의 진정한 통합이 일어나기 위해서는 여성 내부에서만 통합이 일어날 것이 아니라, 사회적 통합이 우선되어야 하며, 남성과 여성 모두 그들의 특질을 인정하고 표현하는 것이 필요한데도 말이다.

교차로 세대의 슈퍼우먼의 비애

맞벌이가 필수인 시대에서 현대 여성이 당면하고 있는 가장 큰 문제는 일과 가정을 어떻게 조화시키느냐 하는 것이다. 일하는 여성에 대한 심리조사에서 대다수의 여성이 그들의 성공에 대해 내적 장벽과 외적 장벽이 모두 존재함을 강조하고 있다.

세대가 교차하는 '교차로 세대(crossover generation)'에서 일하는 여자는 어머니의 전통을 깰 수밖에 없고, 그 결과 내적 믿음 체계의 갈등이 생길 수밖에 없다. 여성들은 완벽한 주부와 완벽한 어머니 그리고 완벽한 직장 여성이 되어야 한다고 느끼며, 자신이 어머니의 이상을 버렸다는 것에 대한 죄책감을 느끼게 된다.

직장 여성들이 당면하고 있는 가장 큰 문제는 바로 이들이 직장과 가정이라는 매일매일의 일상에 모두 막대한 책임을 져야 한다는 것이다. 특히 대다수의 직장에 나가는 어머니들은 자식에게 적절한 돌봄을 제공하지 못한다는 사실 때문에 죄책감에 빠지게 된다.

일하는 여성들은 심각한 역할 갈등을 느낀다. 이러한 갈등은 두 가지의, 때로는 서로 상반되는 역할을 동시에 수행하는 데서 발생한다. 이로 인해 일하는 여성들은 만성적인 피로감, 불안, 항상 뭔가가 뒤에서 붙잡는 듯한 느낌에 시달리고, 심지어 공황 증세까지 보인다.

혹자는 직장에 가서는 집을 생각하지 말고, 집에 와서는 일을 생각하지 않으면 되지 않느냐고 반문할지 모른다. 그러나 여성들은 직장에서도 '심리적인 부모'가 된다. 같은 부모이지만 아버지는 직장에 들어서는 순간부터 자식에 대한 생각은 잊어버리고 일에 몰두하기 쉽다. 남자는 여자들처럼 박 과장과 민준 아빠가 되어 동시에 두 장소에 있지 못한다. 그러나 엄마는 어디에 있든지 계속 아이에 대한 심리적인 부모의 책임을 맡는다. 아이가 지금 어디에 있는지, 누가 아이를 데려다주는지, 그리고 지금 누가 돌보고 있는가 하는 생각이 항상 머릿속을 맴돌게 된다. 그리고 아이에 대한 염려와 더불어 강한 불안과 죄책감을 느낀다.

설령 직장인으로서의 역할과 엄마로서의 역할을 큰 무리 없이 수행하는 여성이라고 해도 운동을 하거나 외모를 가꾸는 등 자신을 위한 시간 투자나, 가끔 혼자만의 휴식을 취하는 시간을 갖는다는 것은 사치가 된다. 또 남편이 육아나 살림을 많이 도와준다고 해도 대부분의 여성은 직업과 아이 양육 사이에서 갈등을 느낀다. 이러한 여성들의 역할 갈등은 피로감과 정서적 박탈감 그리고 죄책감을 불러온다.

"기왕 해야 한다면, 즐겁고 행복하게 해내세요"

나의 지난 시간들을 되돌아봤을 때 가장 후회스러운 것은 즐기지 못했다는 것이다. 일하는 여성으로 살면서 전통적인 여성의 역할과 사회적 역할을 동시에 수행해 왔지만 정작 그 무엇도 온전히 즐기지 못했다. 잘 해내고 못 해내고를 떠나 어차피 나의 역할이고 나의 삶의 일부였는데, 기왕이면 즐겁고 행복하게 해낼 것을, 그러지 못한 것이 무척이나 후회스럽다.

아이를 기르는 기쁨을 즐기지 못하고 행여 아이에게 부족하고 이기적인 엄마가 될까 봐 아이를 닦달하고 스스로를 들들 볶으며 살아왔다. 나에게 주어진 능력을 즐기기보다 행여 뒤처질세라 쫓기듯이 일을 하면서 공부를 해왔고, 내가 할 수 있는 일과 없는 일을 구분해서 가족에게 도움을 요청하기보다 혼자만 힘들다고 불평만 하면서 살아왔다.

다시 과거로 돌아갈 수 있다면 나는 아이들이 영유아기를 지나는 동안만큼은 그들과 마음껏 놀아주고 싶다. 그리고 다시 나의 일로 돌아왔을 때 최소한 직장에서만큼은 아이들에 대한 책임감과 죄책감을 내려놓고 마음껏 나의 일과 능력을 즐기고 싶다. 나는 이러한 뒤늦은 후회와 깨달음을 일하는 여성으로서의 혼란과 죄책감을 호소하는 워킹맘들에게 그대로 전하곤 한다.

아이들은 금방 자라고, 엄마의 관심이 절실한 시기는 한정돼 있다. 아이들이 어느 정도 자라서 엄마의 손이 덜 필요할 때에 내 일을 찾아가도 늦지 않다. 물론 요즘 같은 경쟁 사회에선 그것이 쉽지 않은 일이겠지만 그럼에도 내 아이들의 어린 시절과 바꿀 만큼의 큰 무게는 아니다.

더군다나 아이들을 키우는 동안에도 꾸준히 나의 역량을 키우려 노력한다면 반드시 사회로 돌아올 수 있다. 물론 공백기 없이 일을 계속한 경우보다는 더 뒤처진 자리일 수 있겠지만 자녀의 행복한 성장과 비교할 때 그 물러남은 그리 큰 차이는 아니라고 생각한다.

설령 아이들의 영유아기 때에 피치 못하게 직장을 다녀야 한다면 아이들과 함께하는 시간의 양보다 질에 중심을 두는 것도 도움이 된다. 퇴근 후 집으로 돌아온 엄마에게 아이들은 옷 갈아입을 틈도 주지 않고 안기고 매달린다. 이럴 때 "잠깐만."이라며 옷을 갈아입고 손을 씻고 집안 정리까지 한 뒤에 안아줘 봤자 이미 김빠진 뒤라 그 감동은 반 토막도 안 된다. 아이들이 엄마를 고파하고 목말라할 바로 그때 충분히 물고 빨며 놀아주면 낮 동안 함께하지 못한 것이 어느 정도는 충족될 수 있다. 밥 좀 늦게 먹는다고, 집 좀 지저분하다고 해서 큰일 나지 않는다. 그러니 아이들이 달려들 땐 즉시 안아주고 최선을 다해 채워주면 된다.

〈SKY 캐슬〉과 부모의 욕망

부모의 욕심

2018년 말 JTBC에서 방영한 〈SKY 캐슬〉은 자녀를 최고의 대학에 진학시키기 위해 물불을 가리지 않는 상류층 부모들의 비뚤어진 욕망을 다룬 드라마다. 그들은 자녀가 최고의 권력과 부와 명성을 가진 사람이 되기를 바라며, 이를 위해 '1등', '명문대', '의대'라는 관문을 반드시 통과해야 한다고 굳게 믿고 있다.

드라마 전체를 관통하는 주제는 아마도 "어른의 욕망이 아이의 미래를 망친다."일 것이다. '다 너를 위해서 그래, 다 너를 사랑해서 그래, 넌 아직 어려서 세상을 잘 몰라, 너도 어른이 되고 부모가 되면 내 맘 다 알 거야.' 등등 너무나 익숙한 말로 부모는 아이들을 채찍질하고 최고가 되기만을 종용한다.

너무 현실적이고 냉정해서 슬프기까지 한 이 드라마는 여전히 성적 위주, 입시 위주, 성공 위주로 흘러가는 현재의 우리에게 무엇이 진정한 행복인가, 무엇이 진정 자식을 위하고 사랑하는 일인가에 대해 시사하는 바가 크다.

20%에 달하는 시청률을 보이며 대세가 되었고 사회적 이슈가 된 이 드라마를 마냥 재미로만 볼 수 없는 것은, 여전히 1등과 최고대학의 진학만이 성공의 지름길이라 믿는 일부 부모들이 이 드라마 덕분에 입시 코디네이터란 직업을 검색하고 있는 것은 아닐까, 우린 저들과 출발이 다른 만큼 더 열심히 죽을힘을 다해 달려야 한다며 내 아이의 목줄을 더 힘껏 죄는 것은 아닐까 싶은 염려의 마음이 들기 때문이다.

"너무 과장된 것 아니야? 설마 저 정도까지야 하겠어?"

누군가는 이처럼 말할지도 모르지만, 유감스럽게도 드라마 속의 내용은 현실과 크게 다르지 않다. 오죽하면 드라마를 보는 동안 내가 상담을 했던 많은 학생들과 그 부모들이 등장인물들과 겹쳐서 떠올랐을까.

정신분석학으로 살펴본 〈SKY 캐슬〉 사람들

• 자신의 열등감을 딸에게 투사하여 대리만족을 하는 '한서진'

시어머니와 남편에게 인정받지 못한 열등감을 딸에게 투사하여 대리
만족을 하려는 인물로, 딸을 서울대 의대에 입학시켜 자존감을 회복하
려고 한다. 딸을 자신과 분리해서 생각하지 못하고 왜곡된 소유욕과 강
박적인 집착을 사랑으로 착각하고 있다.

곽미향이라는 본래의 모습을 숨기고 은행장의 딸이라는 허구의 인물
을 만들어 내지만 진실이 드러날까 두려워한다. 끊임없이 남들을 비교하
고 서열화하면서 평가하는 동시에 자신이 인정받지 못할까 항상 불안해
하면서 불안정한 감정과 정동을 보이는 경계성 인격성향을 보인다.

• 불행한 과거를 폭력적이고 파국적인 방법으로 해소하고
보상받으려는 '김주영'

영민한 딸에 대한 비정상적인 집착을 가진, 한인사회에서 성공을 위
해 남편을 죽였다는 혐의를 받았던 인물이다. 행동이 지나치게 극단적
이고 자신의 딸을 스스로 망친 것에 대한 상실감과 좌절감을 타인의 가
정을 몰락시킴으로써 해소하는 소시오패스적인 성향의 인물이다.

현실적인 인물이라기엔 너무 지나친 부분이 있으며, 인간이라면 누구
나 가지고 있는 악한 성향의 질투와 공격성, 파괴성 등이 상징화된 인물
이다.

- **나약한 어린 왕자, 어머니에게 평생 의존해서**

  자신의 삶의 방향을 잃어버린 어른아이 '강준상'

  학력고사 전국 1등, 서울의대 졸업, 의대 교수라는 번쩍이는 타이틀에 비해 무척 낮은 자존감과 피상적인 대인관계를 지닌 자기애적 인격장애를 보이는 인물이다. 아랫사람을 무시하고 착취적인 성향을 보이며 50세가 되어서도 어떻게 살아야 할지를 어머니에게 묻고 의존하며, 친구와 타인에게 끊임없이 열등감을 느끼고 비교하고 비교당하는 삶에 고착된 인물이다.

- **완벽주의와 강박에 갇힌 열등감 덩어리, 껍데기뿐인 권력을 가진**

  소외되고 외로운 아버지 '차민혁'

  모든 것을 자신이 통제하려 들고 질서와 완벽주의에 집착하는 강박적 인격장애를 보인다. 세탁소집 아들이라는 배경을 결혼을 통해 상향시켰지만 금수저 출신의 의사와 검사, 심지어 자신의 아내에게조차 끊임없이 열등감을 느끼고 불안해한다. 이를 권위적이고 폭력적인 양육 태도, 피라미드로 상징된 서열화와 현시욕으로 포장하지만 열등감의 고리에서 빠져나오지 못하고 불안의 모든 원인을 타인에게 투사하는 미성숙한 인물이다.

- **진짜 사랑이 아닌 욕망만을 물려받은 안타까운 아이,**

  의대가 인생의 전부인 공허한 아이 '예서'

  인격적 성숙과 타인에 대한 공감이나 배려를 부모로부터 배우지 못하고 열등감과 분노, 질투와 증오의 감정만을 물려받게 된 케이스이다. 전형적인 애착장애를 보이는 인물이며, 엄마의 욕망과 자신의 꿈을 분리하지 못하고 엄마의 나쁜 점을 그대로 내재화하고 모델링하여 살아간다. 타인의 감정을 이해하지 못하고 금수저임에도 불구하고 마음의 여유는 물려받지 못했기에 서울의대에 떨어지면 자신의 인생은 아무것도 아니라는 위태롭고 연약한 자존심에 매달려 강박적 인격성향을 보인다.

• 구멍 난 유년기와 학창시절을 보상받으려
    필사적으로 애쓰고 슬픈 복수로 괴로워하는 애어른 '혜나'

미혼모에 병약한 엄마 아래서 모든 것을 혼자 해결해야 했던 인물로, 아이다운 순수함과 천진난만함이 배제된 채 철저히 목표지향적인 삶 속에서 성장했다. 고등학생으로 보기 힘들 만큼 치밀하고 어른처럼 영민해 보인다. 하지만 부모의 부재로 인해 성장의 큰 부분이 통째로 구멍이 나 있는 결핍된 성향으로, 마치 내일이 없는 것처럼 저돌적이고 극단적인 모습으로 복수에 집착하고 분노를 표현하는 충동조절의 문제를 보인다.

• 가면자아 속에 살았던 허언증, 작화증 환자. 어머니의 믿음과 지지로
    아버지와의 거짓된 애착관계에서 비로소 독립하는 아이 '세리'

하버드생이라는 거짓된 자아를 꾸며서 아버지의 기대와 본인의 열등감으로부터 회피하려는 모습을 보인다. 이를 작화증이나 초기적 망상으로 해석할 수 있는데, 본인의 거짓말에 끊임없이 불안해하고 괴로워하면서도 아버지의 애정을 잃을까 두려워 거짓된 자아에 집착한다. 결국 모

든 게 들통나고 자신의 껍데기와 허영을 내려놓으면서 아버지와의 병적인 애착관계에서 독립하게 되고, 비로소 인격적 성숙과 자존감을 회복하게 된다

• 숨 막히는 집안 환경에서 유일하게 보통인 인물.
자신의 감정과 의사를 죽이고 사는 안타까운 아이 '예빈'

아빠와 엄마, 언니가 거의 똑같은 성향을 보이는 숨 막히는 환경에서 일반적인 품성과 성정을 가진 것이 오히려 비정상으로 취급되는 모순을 겪게 된다. 자신의 의견이나 감정이 철저히 무시되고 저평가되는 경험 속에 생긴 우울감과 박탈감을 물건을 훔치는 등의 비행으로 해소하려 한다. 건강한 롤모델이 전혀 없고 가족들에 대한 두려움과 거부감 속에서 과외선생인 혜나에게 급격히 의존하게 된다.

아들은 판검사 할래? 의사 할래?

사실 남의 이야기를 할 것도 없이 나부터가 드라마 속 아이들처럼 치맛바람과 사교육, 입시지옥의 피해자로 자란 인물이다.

"아들? 아들은 판검사 할래? 의사 할래?"

초등학생 때부터 지겨울 정도로 들었던 말이다. 세상에 직업이 판검사와 의사밖에 없는 것도 아닌데, 대학이 법대와 의대밖에 없는 것도 아닌데 왜 어머니는 어린 아들에게 그런 질문을 하고 답을 강요하셨을까? 당시 나는 어린 마음에도 가슴에 무언가 턱 하고 막히는 느낌을 받았다.

중학교 2학년 때였다. 과학고 특별반에 다니던 나는 새벽 한 시가 되어서야 학원 수업을 마치고 집에 돌아올 수 있었다. 나의 하루는 학교, 내신, 학원, 경시대회 준비 외엔 딱히 할 수 있는 것도 없었고 시간도 없었다. 그때 겨우 15살이었던 나는 과학고와 서울대를 가지 못하면 인생에 실패한 것이라는 어머니의 말을 도저히 이해할 수 없었지만, 어쨌거나 공부는 열심히 했다.

"걔한테 지면 엄마가 동네에서 얼굴을 어떻게 들고 다니니?"

"걔는 과외도 안 하고 집도 우리보다 못 사는데, 부끄럽지도 않니? 엄만 걔네 엄마가 정말 부럽다."

이런 말들이 나를 죄인으로 만들었기에, 어머니를 위해서 억지로라도 공부를 했다. 내가 반에서 1등을 했을 때 어머니는 "잘했어. 그런데 넌 더 잘할 수 있어."라고 하셨고, 전교에서 1등을 했을 때 "자만하면 안 돼. 과학고에 들어갈 때까지 이 성적을 계속 유지하자."라며 끊임없이 채찍질을 하셨다.

'엄마'라는 이름은 더 이상 따뜻한 존재가 아니었다. 하루는 너무 속상하고 억울해서 어머니께 물었다.

"엄마는 공부를 정말 못했고, 아빠도 명문대를 안 나왔는데 왜 나한테 그걸 강요해요?"

"다 너 잘되라고 그런 거야, 삼촌처럼 의사가 되어야 무시를 안 당해. 그리고 기왕이면 우리나라 최고의 대학인 서울대 의대를 나와야 최고의 대접을 받을 수 있는 거야."

왜 삼촌처럼 의사가 되어야 무시를 당하지 않는지, 왜 서울대 의대를 나와야지만 최고의 대접을 받을 수 있는지, 게다가 왜 꼭 최고의 대접을 받아야 하는 것인지를 따져 물었지만 "어른이 되면 다 알게 된다."는 답만 돌아왔다.

나는 중학교 때부터 스포츠신문 기자가 되어 언젠가는 박찬호 선수와 인터뷰를 하겠다는 구체적인 꿈을 가지고 있었다. 몇 번이나 진지하게 부모님께 왜 내가 기자란 직업을 꿈꾸게 되었는지 그리고 남들의 시선이나 평가가 나의 행복을 좌우할 수 없다는 생각을 소신 있게 전달했다. 부모라면, 나를 사랑한다면 내 뜻을 존중해줄 것이라고, 이해해줄 것이라고 굳게 믿었었다. 하지만 "엄마의 평생소원이다." 라는 말에 더 이상 저항할 수가 없었다. 나는 '엄마의 자랑'이자 '착한 아들'이어야 했으니까.

내가 뭘 하고 싶은지 어떤 삶을 살기를 원하는지 가장 공감해 주었으면 하고 바랐던 어머니는 차갑게 어른의 잣대를, 사회의 기준을 들이밀었다. 나를 설득하고 이해시키려는 대신, "너 엄마 말 안 들으면 나중에 후회한다. 어른이 되면 엄마 말이 옳다는 걸 알게 될 거야." 라는 말만 반복하셨다.

나는 이제 어른이 되었고, 어머니가 그토록 바라던 의사가 되었다. 그런데 여전히 그때의 어머니를 이해할 수가 없다. 아니, 어머니가 틀렸다는 것을 더 분명하게 알게 됐다. 어머니는 당신의 말을 안 들으면 나중에 후회할 것이라고 했지만, 정작 나중이 되고 보니 나는 그때 어머니의 말을 들은 것을 후회한다. 의사가 된 것을 후회해본 적은 없지만 왜 그때 내 꿈을 포기하고 어머니라는 절대적인 권력 앞에 고개 숙이고 숨죽였던 것인지 후회한다. 아들이 너무나 바라던 꿈이라면 한 번쯤은 마음껏 달려가 보게 해주어도 괜찮지 않았을까 라며 어머니를 원망하기도 한다.

의대생으로 살아가던 22살의 여름, 나는 어머니와 아주 긴 이야기를 할 기회가 있었다. 이젠 성인이 되었고 그때의 섭섭함을 풀어보고자 조심스럽게 말을 꺼내 보았다. "지금은 어머니의 마음이 이해가 되기도 한다."며 어머니는 어떻게 생각하시냐고 여쭤보았다.

"미안하다."

놀랍게도 어머니는 내게 미안하다는 말씀을 하셨다. 아! 어머니도 내게 미안한 마음을 가지고 계셨구나 싶으니 그간의 응어리진 마음이 눈 녹듯이 풀리는 듯했다. 그런데 뒤이은 어머니의 말씀이 너무나 충격적이었다.

"널 서울대 의대에 보내지 못해서."

세상에! 어머니는 아직도 내가 힘들어하는 이유를 착각하고 계셨다. 당시 IMF로 인해 집안이 크게 어려워진 탓에 고2 때까지는 받았던 고액과외를 고3 때는 받지 못했다. 과외는커녕 문제집을 살 돈조차 충분하지 않았다. 어머니는 그 때문에 내 성적이 떨어졌고, 그 결과 내가 서울대 의대를 가지 못해서 부모를 원망한다고 생각하고 계셨다. 그 오랜 세월 동안 어머니는 나도 당연히 어머니의 바람처럼 서울대 의대에 가고 싶어 했다고 착각을 하고 계셨던 것이다.

"당신의 욕심을 아이의 꿈으로 포장하지 마세요"

정신과 의사가 되고 나서 알게 된 것 중 하나는 세상에는, 아니 한국에는 우리 어머니와 같은 분들이 너무나 많다는 것이다. 레지던트 1년 차 여름, 7월의 어느 날 밤에 응급실로부터 콜을 받았다.

"정신과 당직이시죠? 14세 여환이구요, 숨을 못 쉬는 증상으로 ER(응급실) 내원했는데, 호흡기, 심장 쪽 다 문제없고 심리적 문제인 듯해서 연락드렸습니다."

"신경과 쪽은 감별이 되었나요?"

"열도 전혀 안 나고 환자가 CT를 찍을 상태도 아니라서요. 우선 내려와 보시면 아실 겁니다."

1층 응급실 입구에 도착했을 때 여자아이는 얼굴을 파묻고 고개를 돌린 채 누워있었고, 그 옆에는 아이의 엄마로 보이는, 화가 잔뜩 난 표정의 중년 여성이 서 있었다. 아이는 어깨가 들썩일 만큼 숨을 급히 몰아쉬다가 갑자기 비명을 지르다가, 잠깐 괜찮아지길 반복하고 있었다.

질문을 주고받을 상태가 아니라는 생각에 5분 정도 상태를 지켜보았다. 그리고 몇 가지의 증상과 감별점을 확인한 후, 나는 아이의 어머니께 잠시 자리를 비켜달라고 부탁드렸다.

"걱정하지 마시고 잠시 매점에 다녀오시거나 로비 한 바퀴 돌고 오세요. 15분 정도면 됩니다."

"꼭 그래야 하나요? 저기서 보고 있을게요."

"걱정하지 마시고 다녀오세요, 제가 잘 지켜보고 있겠습니다."

어머니가 응급실 밖을 나가자 예상대로 아이의 발작에 가까운 들썩임이 멈추었다. 비명에 가까웠던 거친 숨소리도 점차 안정을 찾아갔다. 아이가 조금 진정이 된 듯 했을 때 다섯 번 크게 심호흡을 하라고 유도하자, 아이는 제대로 하지 못하고 기침을 했다. 천천히 또 다섯 번의 심호흡을 시킨 후에 물었다.

"기말고사 기간이니?"

교복을 입고 응급실에 실려 온 아이의 눈가에 대답 대신 눈물이 맺혔다. 중학교 2학년인 아이는 반에서 3등, 전교에서 25등을 한다고 했다. "공부를 잘하는구나."라는 내 말에 아이는 힘없이 고개를 저었다. 과학고에 가려면 최소한 전교 5등 안에는 들어야 한다는 것이다.

"왜 과학고를 가고 싶니?"

"의대를 가야 하니까요."

"왜 의대를 가고 싶은데?"

"엄마가 의대를 가야 한대요."

"너는 어떤 사람이 되고 싶은데?"

"공부 잘 하는 사람이요."

"넌 지금도 충분히 공부를 잘 해."

"아니에요. 엄마가 SKY나 의대에 못 가면 실패한 거랬어요."

가슴이 아팠다. 이제 겨우 중학교 2학년인 어린아이의 입에서 인생이니 실패니 하는 말이 나오는 것도 슬펐고, 오래전 나처럼 엄마의 등에 떠밀려 뭐가 뭔지도 모른 채 과학고와 의대 합격을 강요받는 아이의 현실도 안쓰러웠다.

아이는 시험 생각을 하면 갑자기 숨이 차고 불안해진다고 했다. 그리고 만약 시험을 망치면 엄마가 자기를 사람 취급도 하지 않을 것이라고 했다. 그렇게 제 속의 이야기를 터놓던 중에 아이가 갑자기 긴장하고 숨을 몰아쉬기 시작했다. 아니나 다를까. 어느새 아이의 엄마가 옆에 와 있었다.

나는 어머니와 잠시 밖으로 나와 현재 아이가 학업이나 성적에 대한 스트레스가 큰 것 같다며 의사로서의 소견을 말씀드렸다. 그러나 어머니는 그 또래는 다 그런 것 아니냐며 별 것 아닌 듯이, 오히려 자신의 아이가 너무 나약해서 이러는 것이라고 했다.

"응급실에 오신 게 혹시 처음이신가요?"

"아니요. 세 번째에요."

이전의 응급실에서도 아이는 같은 진단을 받은 듯했다. 그럼에도 전혀 나아지지 않은 것은, 아이의 꿈과 자신의 욕망을 헷갈리는 삐뚤어진 어머니의 욕심 때문이었다.

한 시간 정도 어머니와 면담을 하며 나는 아이가 느꼈을 막막함과 답답함이 전해져 왔다. 단기 입원을 권유했지만 그 어머니는 당장 퇴원을 시켜달라고 요구했다. 딸은 아픈 것이 아니라 시험을 치기 싫고 공부하기 싫어 꾀병을 부리는 것이라고 했다.

어머니가 나의 만류에도 불구하고 퇴원 수속을 진행하자 아이는 다시 숨을 헐떡이기 시작했다. 어깨를 들썩이고 가슴을 움켜쥐고 얼굴이 새빨개졌다.

"그만해!! 몇 시간째야? 지겹지도 않아!!!!"

응급실 전체에 어머니의 목소리가 쩌렁쩌렁 울렸다. 너무 놀란 아이는 더 이상 숨을 몰아쉬지는 않았지만 응급실에 오기 전보다 훨씬 더 침울한 눈이 되었다. 마지막으로 내가 모녀를 붙잡았을 때 그 어머니가 말했다.

"선생님 아직 결혼 안 하셨죠? 아이가 없으시니 그 심정을 모르시는 거예요. 그리고 저도 중학교 교사예요. 제 딸은 제가 잘 알아요."

정말 그럴까? 내가 아직 부모가 되어보지 못해서 그 마음을 이해하지 못하는 것일까? 정말 나도 부모가 되면 내 자식을 제일 잘 알게 될까? 글쎄다. 그것은 오만한 부모의 당돌한 착각이 아닐까 한다.

부모의 왜곡된 애정과 보호 욕구는 아이에 대한 집착과 통제를 사랑으로 착각하게 만든다. 부모가 아이에게 주어야 할 것은 의사 가운이나 의대 등록금이 아니라 '네가 어떤 사람이 되든 행복했으면 좋겠어, 엄마와 아빠는 늘 네 편이야.'라는 무조건적인 응원과 지지다. 그 힘으로 아이는 세상을 향한 도전을 이어갈 수 있는 것이다.

더 이상 부모들의 소유욕과 집착이 유별난 사랑 정도로 이해되고 치부되어서는 안 된다. 자식은 자신의 대리만족을 위한 도구가 아니다. 자식은 자신의 열등감을 채워줄 소유물이 아니라 존중받아 마땅한 독립적인 인격체이다. 그러니 부모의 욕심을 아이의 꿈으로 포장해서는 안 된다. 1등을 하고 싶고 명문대에 가고 싶고, 판검사나 의사가 되고 싶은 게 정말 아이의 소망이라면 그 아이는 옆에서 뜯어말려도 제가 알아서 잘 한다.

잠시 눈을 감고 중년이 된 내 아이의 모습을 상상해보라. 부자도 좋고 성공한 사람도 좋지만 무엇보다 내 아이가 행복한 것이 최고이지 않을까. 그러려면 아이가 자신의 걸음을 걸을 수 있도록 응원하고 격려해 주어야 한다.

이게 진짜
내 모습일까요?

"내일모레 쉰인데도 어떻게 살아가야 할지도 모르는 놈을 만들어놨
잖아요. 어머니가!"

엄마가 공부 열심히 하라고 해서 학력고사 전국 1등까지 했고, 엄마
가 의대에 가라고 해서 의사가 됐고, 엄마가 병원장이 되라고 해서
그것을 위해 기를 쓰던 한 남자의 뒤늦은 절규에요.

비록 드라마 속 이야기지만 결코 남의 이야기가 아닌 듯해서 씁쓸
해지네요.

누군가의 손에 이끌려 열심히 달려온 그 길에서 불현듯, 이게 진짜
내 모습일까, 내가 바라던 삶일까? 물음표가 던져질 땐 어떻게 해야
할까요?

K : 그게 결국은 참자아(true self)에 대한 의문 같은데요. 부모가 아이를 자신의 일부라 생각하고 아이를 통해 대리만족하려 할 때 아이의 자아가 정상적으로 발달하지 못할 위험이 있어요. 부모가 지나치게 기대하고 간섭을 하니 아이는 부모가 기대하는 이미지에 이끌려 가게 되는 거죠. 그래서 성인이 된 이후에도 참된 자신의 삶과 모습을 추구하기보다는 남들에게 보여지는 자신의 이미지에 집착하게 되죠. 그러다 어느 순간에 그 드라마 속의 주인공처럼 "이건 진짜 내가 아니야."라고 혼란스러워하면서, 나이가 쉰이 되어도 어떻게 살아가야 할지 모르는 사람이 되는 거죠.

P : 그건 정말 남의 이야기가 아니에요. 제가 학생이던 시절엔 의대나 법대를 스스로 원해서 가는 게 아니라 부모님이 바라서 가는 경우가 대부분이었어요. 아이 스스로 자신의 참자아에 대해 '부모님 말씀을 잘 듣는 착한 아이'라고 생각하는 거죠. 그러니 자신도 모르는 사이에 '공부를 잘 하면 의대나 법대를 가야지. 그래야 인정받지. 그래야 좋은 아들, 착한 아들이야.'라고 믿으며 그대로 따라가게 돼요. 근데 정작 의대에 가보면 자기가 의사가 되고 싶어서 온 사람은 거의 없어요.
요즘도 크게 다르지 않은 것 같아요. '명문대에 들어가

서 대기업이나 공기업 등에 취업하는 것'을 목표로 하는 것이 자기가 정말 원해서 그런 게 아니라 남들이 그게 제일 좋다며 공식화 해놓은 것에 맞춰서 가는 건데, 그럼에도 별다른 저항감을 가지지 않는 것 같거든요.

Q : 근데 더 큰 문제는 그렇게 해서 과연 행복한가 하는 거예요. 엄마가 이끌든 자기 스스로 왔든 그렇게 해서 만족하고 행복하면 좋은데 그렇지 않다 보니 자신의 삶이 거짓인 것 같고, 그렇다면 진짜 나는 무엇인가를 뒤늦은 나이에 고민하게 되는 거죠.

K : 맞아요. 우리 병원에 대학생들이 많이 왔는데, 이야기를 들어보면 참 딱해요. 그들은 유치원 때부터 대학에 들어가는 것이 인생의 목표인 줄 알았대요. 엄마가 계속 그렇게 말했으니까. 심지어 전공도 엄마가 정해주거나 성적에 맞춰서 결정했대요. 그러니 이들은 자신이 무엇을 원하는지 돌아볼 여유조차 없었고 엄마가 원하는 것이 곧 그들이 원하는 것이 되었죠. 그렇게 경주마처럼 앞만 보고 달려서 대학에 들어왔는데, 이제 엄마는 "내가 할 일을 다 했다."며 고삐를 풀어줘요. 네 마음대로 네가 하고 싶은 것을 하라고 자유를 주는데 막상 무엇을 어떻게 할지를 몰라서 혼란스러워하고 우울해

하는 경우가 많아요. 지금껏 내 길이 아닌 남의 길을 걸어왔으니 막상 내 길을 가려면 어디로 가야 하는지 모르는 거죠.

Q : 그럴 땐 정말 막막하겠어요. 지금까지 참자아가 아닌 남들의 기대에 의한, 혹은 남들에게 보여지기 위한 거짓자아(false self)로 살았단 얘기잖아요.

K : 그렇지는 않아요. 남들에게 잘 보이고 싶은 것도, 부모의 기대에 부응하려 이끌려 온 것도 결국엔 내 자아의 일부에요. 그런데 자기한테서 기대하는 것이 아닌 다른 게 발견되면 사람들은 "이건 내가 아니야, 그럼 내 참자아는 어디에 있나?" 이러면서 혼란을 겪어요. 내 삶의 모든 순간과, 내가 그때그때 느끼고 추구했던 것들이 모두 나였음을 받아들이면서 그것을 '나'로 통합시켜야 되는데, 나 자신이 불만족스럽고 현실이 불만족스러울 때 지금까지의 자신을 부정해버리는 거죠.

P : 저도 김혜남 선생님의 생각과 같아요. 엄마나 다른 사람의 욕망을 따라가서 내가 원치 않는 어떤 걸 만들고 맞춰가더라도 그게 완전히 자기가 아닌 것은 아니에요. 그 역시도 결국 자기의 일부죠. 근데 그것을 '이건 내

가 아니야.'라고 느꼈을 때, 이것이 '나'로 통합되기 전에 서로 부딪히는 부분이 있으니 일시적인 갈등을 겪을 순 있어요. 때문에 자신이 생각하는 그 거짓자아를 완전히 부정하고, 싸워서 이기고, 버려야 하는 것이라고 생각하면 안 돼요. 그 또한 나의 일부분이기에 '나'와 잘 어우러질 수 있게 인정하고 받아들여야 해요. 예를 들면, A가 헬리콥터 맘*의 지시와 보호를 잘 따르며 엄마의 바람대로 의대에 진학했어요. 어느 순간에 의대와 자신이 잘 맞지 않다는 것을 깨닫곤, '내 인생은 조종당했어, 난 엄마의 인형이야.'라는 생각이 들 순 있어요. 일시적으로 부모에 대한 원망이나 반항, 부정으로 그런 감정이 들 수 있죠. 그런데 이것을 장기적으로 봤을 때 그것이 자신과 통합이 되면 자연스럽게 받아들이게 돼요. 우리가 '거짓자아'라고 느끼는 그것은 받아들이는 데에 시간이 걸릴 뿐이지 부정하고 맞서 싸우거나 대립해야 할 문제는 아니라고 봐요.

K : 아는 분 중, 남자분인데 의대를 다니다가 이건 내가 바라던 길이 아니라며 자신이 하고 싶은 일을 하겠다고 느닷없이 다른 학교의 철학과로 편입을 했어요. 그런데

---

* 자녀의 평생에 걸쳐 과잉보호하는 부모

결국 몇 년 있다가 다시 원래 다니던 의대로 재편입해서 돌아왔어요. 생계나 직업이라는 현실적인 문제와 부딪혀 갈등하면서 결국 의대로 돌아온 것이죠. 그분은 그토록 참자아를 찾기 위해 헤매고 방황을 했지만 결국 현실과 타협하고 다시 의대로 돌아온 자신에게 혼란을 느끼더군요. 근데 알고 보면, 방황하면서 무언가를 찾고자 하는 것 그 자체가 그분의 참자아인 거죠. 우리는 생의 모든 순간을 '나'로 살아가고 있으니까요. 바람에 세차게 흔들리는 나조차도 나인 것이죠.

Q : 그렇군요. 그러면 부모나 타인의 기대로 끌려가듯 살아가는 것 외에 거짓자아의 또 다른 대표적인 예가 어떤 것이 있을까요?

P : 페이스북이나 인스타그램과 같은 SNS에 '나 이렇게 행복해, 나 이렇게 잘 살고 있어.' 라고 다소 연출된 사진을 올리는 것도 거짓자아의 일부로 해석할 수 있어요. 실제 SNS에 폭로(?)된 유명한 사진 중에 프레임 안의 모습만 아주 멋지게 연출되고 프레임을 벗어난 주변은 엉망이거나 멋지지 않은, 행복하지 않은 모습인 사진이 있어요. 사실 그 사진을 올린 사람 스스로가 연출된 거짓자아와 참자아가 다르기에 혼란을 느끼고, 그로 인해

고백적인 사진을 올린 것으로 이해될 수 있죠.

Q : 그렇게라도 연출이나 가식을 통해서 '나는 행복해.'
라고 올리는 것이 결국은 나는 행복해지고 싶다는 욕구
나 의지로 이해될 수는 없나요? 그리고 스스로 그 행위
를 통해 위로받는 것은 아닐까요?

P : 그렇죠. 거짓자아라고 해서 내가 아닌 것은 아니니
까요. 그 허세를 부리는 나도 나의 일부잖아요. 그리고
비록 가식이고 연출이라고 할지라도, 내가 이렇게 되고
싶다는 소망, 무의식, 열등감 등 내가 인정하지 않았던
나의 조각들도 나란 것을 언젠가는 알게 되고 인정하게
되면서 '나'로 통합되는 것이죠. 그리고 이를 통해 인간
은 성숙하게 되는 것이구요.

K : 그 또한 현실과 너무 멀어지지 않게 균형감을 찾아
야 할 것 같아요. 자신의 행복한 모습, 성공한 모습, 멋진
모습에 지나치게 집착해서 그것만 계속 보여주다 보면
현실과 괴리감이 생겨 더 불안하고 더 외롭고 공허해지
거든요. 힘든 나, 덜 멋진 나도 나인 것을 인정하며 균형
감을 찾는 것이 중요한 것 같아요.

몸으로 우는 사람들

화병

"어휴, 답답해! 어휴, 속상해!"

평일 저녁에 방송하는 TV 드라마를 보면 대가족을 배경으로 하는 것이 많다. 온 가족이 둘러앉아 저녁을 먹거나 담소를 나누는 시간대인 만큼 가족 중심의 드라마가 많이 방송되는 것이다. 그런데 어쩐 이유에선지 드라마를 보고 있노라면 속에서 화가 끓어오를 때가 한두 번이 아니다. 시원한 사이다를 원샷으로 들이켜도 뚫리지 않을, 빡빡한 고구마 수십 개가 명치 끝에 턱하고 걸린 기분이 든다.

모든 가족 드라마에는 빠지지 않고 등장하는 인물 유형이 있다. 바로 '국민 며느리'다. 드라마 속 국민 며느리는 주로 맏며느리로, 대가족을 유지하기 위한 희생을 당연한 것으로 여기며 사는, 착하다 못해 미련하기까지 한 인물이다.

드라마 속 그녀는 시부모를 모시고, 착한 효자 남편을 받들고, 아이들의 뒤치다꺼리를 도맡아 한다. 이 정도는 그저 가정주부의 숙명이려니 하며 웃어넘길 수 있다. 그런데 시동생이나 시누이 가족까지 한집에 같이 살면서(이런 드라마에서는 온 가족이 결혼 후에도 함께 살아야 가정이 행복한 것으로 그려진다) 군소리 없이 그들의 살림까지 대신해주는 모습을 보면 답답하단 생각이 절로 든다. 게다가 그런 생활을 아주 당연한 듯이 그리고 있는 것을 보면 드라마조차 한 여자에게 참 잔인하게 군다는 생각이 든다.

집안일처럼 해도 해도 끝이 없고 표가 안 나는 일도 없다. 그것은 과노동이다. 한 가족을 건사하는 집안일도 그럴진대 큰 집에서 여러 가족이 같이 살면서 그 많은 일을 아무 불평 없이(그것도 기꺼이 행복으로 느끼면서 해야 한다) 해나가는 것을 보면 가히 초인적이란 생각이 든다. 더구나 가장 안타까운 것은 그러한 맏며느리의 감정이나 인격은 철저히 무시된다는 점이다. 그녀가 얼굴을 찡그리고 불평이라도 할라치면 시청자들조차 "그런 것 하나 참지 못하느냐."며 비난의 눈길을 보낸다.

그녀는 며느리로서, 아내로서, 어머니로서, 형수나 올케로서 존재할 뿐 자기 자신으로 존재하지 못한다. 그래서인지 국민 며느리의 희생을 담보로 한 가족 드라마를 보다 보면 '저 사람이 나중엔 병이 들고야 말지.'라는 생각이 든다. 모든 것을 다 품으며 포용해주고 돌보아

주는 초인적이고 헌신적인 어머니는 이상향일 뿐 현실에서 그녀는 속이 다 문드러져서 온몸으로 울게 된다.

불꽃을 품고 사는 여자, 순덕 씨

순덕 씨는 이제 환갑을 바라보는 59세다. 평소 내성적이고 참을성이 많았던 그녀는 수년 전부터 가슴이 답답하고 두근거리며 자기도 모르게 한숨을 쉬는 일이 많아졌다. 명치끝에 돌덩어리가 매달려 있는 것 같고, 갑자기 속에서 뭔가 뭉치면서 불같은 것이 올라오기도 했다. 또 얼굴이 화끈거리며 안절부절못하게 되고, 소화도 안 되고 입맛도 없어지며 잠도 잘 오지 않았다. 병원에서 이런저런 검사를 다 해봤지만 이렇다 할 문제를 찾지 못해 신경정신과의 문을 두드리게 되었다.

"이대로 가다간 내가 정말 미쳐버릴 것만 같아서 선생님을 찾아왔어요. 도대체 제가 왜 이런 걸까요?"

그간 속에서 불같은 것이 치밀어 올라와도 참고만 있던 그녀는 몇 달 전부터 갑자기 참지를 못하고 남편에게 퍼붓기 시작했다. 게다가 자다가도 벌떡벌떡 일어나서 남편을 흠씬 두들겨 패고 싶은 생각이 들고, 밖으로 뛰쳐나가고 싶은 충동이 일기도 했다.

순덕 씨는 "내가 살아온 것을 책으로 쓰면 12권도 더 될 것."이란 말로 이야기를 시작했다. 그녀는 보수적이기로 유명한 대구의 교육자 집안에서 태어나 엄한 가정교육을 받았고, 중매로 남편을 만나서 결혼했다. 시어머니는 집안의 모든 일을 틀어쥐고 결정권을 가지고 있었으며, 분가한 아들 내외의 살림에도 일일이 간섭을 했다.

순덕 씨는 30년이 넘는 결혼생활 동안 남편의 월급봉투를 한 번도 만져본 적이 없었다. 일체의 경제적 권한 없이 집에서 일만 하다 보니 어떨 땐 내가 이 집 식모인가 하는 생각까지 들었다.

가부장적이고 권위적인 성격의 남편은 아이들의 기저귀 한번 갈아준 적이 없었고, 아내인 순덕 씨를 무시했으며, 사소한 일에도 갑자기 큰 소리를 버럭 질러 순덕 씨는 항상 조마조마한 마음으로 살아야 했다. 어디 그뿐인가. 술을 마시고 집에 들어오는 날이면 조그만 트집을 잡아 못살게 굴고 심하면 때리기까지 했다. 여자와 관련된 문제도 숱하게 일으켰지만 그럴 때마다 시어머니는 "남자가 바람을 피는 건 다 아내인 너에게 문제가 있기 때문'이라며 여자가 그런 것 하나 참지 못한다면서 오히려 편잔을 주었다."

언젠가 한 번은 더는 못 살겠다는 생각에 친정으로 간 적이 있었다. 그런데 "여자는 시집가면 그 집 귀신이 되어야 한다."는 아버지와 오빠들의 말에 발을 돌려야 했다. 친정 식구들에게 단 한 마디의 위로조차 받지 못한 마음이 서럽게 무너져 내렸지만 다시 집으로 돌아가는 것 외엔 별다른 방도가 없었다.

그나마 다행인 것은, 아이들은 엄마인 순덕 씨의 말을 잘 듣고 공부도 잘 해주었다. 순덕 씨는 '어떻게든 아이들을 잘 교육하고 잘 키워야지.', '아이들이 결혼할 때까지만 참고 버텨보자.'란 생각으로 참고 또 참았다.

그렇게 인고의 세월을 버텨오다 6년 전 시어머니가 중풍으로 쓰러지쳤고, 당연하다는 듯이 병시중은 순덕 씨의 몫이 되었다. 지난 세월 동안 자신에게 모질게 굴었던 시어머니가 너무나 미웠지만 한편으론 안쓰러운 마음도 들어서 최선을 다해 병시중을 들었다.

그렇게 3여 년의 시간이 흐른 후에 시어머니가 돌아가셨고, 홀가분하고 편할 것이란 기대와는 달리 순덕 씨의 마음은 점점 답답해지기 시작했다. 이유 없이 불안해지고 의욕이 저하되더니 가슴이 답답하고 속에서 불같은 것이 끓어올랐다. 그러다가 몇 달 전부터는 평소와는 달리 남편에게 대들기 시작했고, 급기야 남편을 실컷 두들겨 패고 싶다는 마음까지 생겨났다.

"선생님, 지금껏 제가 살아온 날들이 너무 한스럽고 너무 허무하네요. 나는 왜 지금껏 남편한테 대들어보지도 못하고 그렇게 바보처럼 살았을까요?"

순덕 씨의 가슴 속엔 오랜 세월 동안 남편과 가족들에게 억눌렸던 설움과 분노가 덩어리로 뭉쳐져 있었다. 그 덩어리가 불덩이가 되어 가슴을 세차게 밀어댔고, 출구를 찾지 못한 그녀의 울분이 결국 그녀의 몸까지 괴롭히고 있었다.

우울과 화가 쌓여 한이 되는 '화병'

'마음이 울지 못하면 몸이 운다.'라는 말이 있다. 우리의 몸과 마음은 분리된 것이 아니라 하나이기 때문에 마음에 병이 생기면 신체적 증상을 동반하게 된다. 감정이나 욕구가 억압되고 출구를 찾지 못하면 그것은 신체적 출구를 찾아 자신의 존재를 알리려 하기 때문이다.

"명치끝이 꽉 막힌 듯이 소화가 안 되고 가슴이 답답해요. 심장이 너무 빨리 뛰고 숨쉬기가 곤란할 때도 있어요. 추워서 옷을 껴입으면 다시 온몸이 더워지고, 며칠 변비가 이어지다가 갑자기 설사를 하기도 해요."

실제로 신경정신과를 찾는 분들 중에는 마음이 아닌 몸의 통증을 호소하는 경우도 많다. 이들은 도통 갈피를 잡을 수 없는 다양한 신체 증상에 오랜 기간 이 병원 저 병원을 찾아다니며 검사를 해보지만 별다른 이상을 발견하지 못한다. 그러나 시간이 지나도 나아질 기미가 보이지 않으니 답답함만 더욱 커져 신경정신과를 찾게 되는 것이다.

이처럼 의학적인 검사를 해도 몸의 이상이 발견되지 않는데 본인은 신체의 여러 이상 증상을 호소하는 경우를 '신체화장애'라고 한다. 우리나라의 경우 '신체화장애'는 주로 중년 이후의 여성들에게서 많이 발생하는데, 면담을 해보면 이들은 감정이 극도로 억압되어 있고, 자신의 신체에서 발생하는 증상에 과민하게 신경을 쓰고 있다. 그리고 이들 중 상당수에서 건강염려증적 소견도 보인다.

그런데 좀 더 깊이 면담을 해보면 이들이 신체 증상을 통해서 다른 사람들에게 자신의 마음을 표현하고 있음을 알 수 있다. 즉 내가 이렇게 많이 아프니 나를 좀 돌봐달라는 무언의 호소인 것이다. 그리고 이들은 "이렇게 몸이 약한 내가 이 세상을 잘 살아갈 수 있을까?" 하는 자신감이 저하된 모습을 보인다. 또 자신의 신체적 증상을 통해서 피하고 싶은 상황이나 사람들을 꺼리려는 경향도 강하다. "난 몸이 아프니 당분간 내게 그 이야기는 하지 마."라는 신호를 보내는 것이다.

이들은 신체적인 증상에는 과도하게 예민한 데 비해서 감정을 느끼고 표현하는 것에는 둔감한 편이다. 오래도록 감정이 억압되어 있어서 이를 잘 느끼지 못하는 것이다. 슬프거나 우울할 때도 이러한 감정을 잘 느끼지 못하고, 화가 났을 때도 분노 감정을 적절하게 표현하고 해결하지 못한다. 이들은 주로 자신의 감정을 표현하는 데 신체를 동원한다.

이러한 신체화장애는 언어표현이 억압되어 있는 문화권에 많이 나타난다. 자신의 감정을 언어로 표현하는 법을 배우지 못했을 뿐만 아니라 감정을 억누르며 사는 것을 당연하게 여기는 사회 분위기 속에서 마음의 이야기를 속 시원히 표현하지 못하는 것이다. 대신 이들은 몸이 아픔으로써 자신의 우울이나 불안, 분노 등을 남들에게 알리려 한다. 즉 마음이 울지 못하는 것을 몸이 대신 울어주는 것이다.

우리나라의 가정주부들이 많이 경험하는 화병도 넓은 의미에서 신체화장애로 볼 수 있다. 화병은 울화병(鬱火病)의 줄임말로, 우리나라에만 있는 고유의 질병이다. 1995년 미국정신의학회는 화병을 한국어 발음 그대로 'Whabyung'으로 표기했고, "화병은 한국민속증후군의 하나인 분노 증후군(anger syndrome)으로 설명되며, 분노의 억제로 인해 발생한다."고 정의했다.

우리는 주변에서 "화병으로 죽었다."는 말을 가끔 듣는다. 과연 화병이 무엇이길래 우리나라에만 있으며, 사람을 죽음에까지 이르게 한단 말인가?

화병, 즉 울화병은 말 그대로 '우울'과 '화'가 마음속에 쌓여서 생기는 병이다. 화병이라는 말에는 우리의 정서인 '한'이 서려 있다. 때문에 화병은 화와 한이 오래도록 쌓여서 몸과 마음을 좀먹는 병이라고 할 수 있다. 화병은 중년 이후의 여성들에서 많이 생기고, 일반 인구의 4% 이상에서 보이는 흔한 병이다. IMF 이후에는 감원과 사업 실패 등으로 인해 남성들에게도 많이 나타났다. 이 병의 원인은 가부장적인 사회적 분위기와 분노의 처리에 미숙한 개인적인 성격이 복합적으로 작용한 데서 찾을 수 있다.

"마음에서 화가 빠져나갈 수 있게 작은 물꼬를 터주세요"

순덕 씨의 경우에서 알 수 있듯이 화병의 원인은 한 사람이 일생을 살면서 미처 풀지 못한 한(恨)의 덩어리라 할 수 있다. 화가 나고 속상하고 억울했던 감정들을 그때그때 표현하지 못하고 혼자 참고 참다가 화가 쌓이고 울분이 쌓여서 크고 단단한 덩어리로 뭉친 것이다.

아이러니하게도 이러한 화병은 대부분 힘든 과정이 다 끝난 후에 생긴다. 시집살이를 시키던 시어머니가 돌아가시고 난 후, 술과 여자 문제로 평생을 속 썩이던 남편이 정신을 차리고 집으로 돌아온 후와 같이 힘들었던 일들이 다 지나가고 이제야 한숨 돌리고 좀 편해진다 싶으면 몸이 이상해지고 화병이 오기 시작한다.

이것은 억압이 풀어지는 것과 관련이 있다. 그동안 힘들 때는 자신을 억압하면서 참고만 지내왔다. 억압하고 참는 것에 급급한 나머지 자신의 감정을 느끼고 돌볼 여력조차 없었던 것이다. 그런데 대부분의 문제가 끝나거나 사라지고 억압이 느슨해지자 그동안 쌓였던 우울과 분노가 '이제 나도 좀 숨을 쉬어야겠다.'며 밖으로 나오려 하는 것이다.

순덕 씨처럼 남편과 시댁에서의 스트레스가 극심하다고 해서 모든 중년의 주부들이 화병에 걸리는 것은 아니다. 비슷한 강도의 스트레스를 받더라도 그것을 안에 쌓아두지 않고 어떻게든 풀 길을 찾아서 푼다면 화병으로까지 이어지진 않는다. 특히 주부들은 또래 친구나 이웃 아주머니, 친정 자매들에게 남편과 시댁의 험담을 하며 스트레스를 풀고 나름의 카타르시스를 느끼곤 한다. 하지만 안타깝게도 순덕 씨는 자신이 이토록 불행하게 사는 것을 친구나 자매들에게 보이기 싫었다. 그녀의 자존심이 수다라는 좋은 분출구조차 막아버린 것이다.

화병은 그대로 놔두면 만성 스트레스로 인한 여러 가지 합병증이 생긴다. 혈압이 올라가고, 심장 혈관이 좁아지며, 혈당이 올라가는 등의 증상이 나타난다. 화병으로 죽었다는 것은 바로 이러한 것이 원인이 되기 때문이다.

화병의 치료는 가슴속 깊이 응어리진 것을 풀고, 감정을 진정시키고 삭이는 방법으로 시작한다. 이때 가장 중요한 것이 가족들의 사랑과 이해다. 순덕 씨의 남편은 갑작스러운 아내의 변화에 무척 당황했다. 처음에는 "이 여자가 미쳤느냐."며 화도 내고 소리도 질러 봤지만 오히려 아내의 증상이 더 악화되기만 했다. 사태가 심상치 않음을 깨달은 남편은 아내와 함께 병원을 찾은 것이다.

"아니, 대한민국 주부들 중에 그 정도도 안 하고 사는 사람이 누가 있어요? 남편이랑 자식들 돌보고 시댁 식구 공경하면서 사는 게 뭐 그리 힘든 일이라고 유난을 떨어요?"

예상대로 순덕 씨의 남편은 완고했다. 첫 면담에서 그는 주부라면 누구나 다 하는 일들을 두고 아내가 유난을 떠는 것이라 말했다. 그러나 면담이 이어질수록 순덕 씨의 남편은 아내가 그동안 참 많이 힘들었다는 것을 인정하기 시작했다. 그리고 아내도 자신과 같은 감정이 있는 사람이고, 남편에게 사랑받고 존중받기를 바라는 여자라는 것을 깨우치기 시작했다. 덕분에 순덕 씨가 자신에게 갑자기 욕을 퍼부어대고 화를 내도 웬만큼은 들어줄 줄도 알게 됐다.

"남편은 여전해요. 그 성격이 어디로 가나요? 그래도 조금은 조심하려는 모습을 보여요. 어제는 난생처음 자기 빨래를 하고 있더라구요. 그 모습을 보니 안쓰러운 마음도 들었어요. 힘도 없고 이빨도 빠진 종이호랑이 같은 남편의 모습을 보니 이제는 더 이상 전처럼 화가 나진 않아요."

오랜만에 다시 본 순덕 씨는 많이 편안해진 모습이었다. 그녀는 화내는 빈도도 점점 줄어들고 벌렁거리던 가슴도 많이 진정되는 듯하다고 했다. 그리고 무엇보다 자신에게도 문제가 있었음을 인정하기 시작했다. 순덕 씨는 그간 모든 것을 남편에게만 의지하고 살아왔던 것, 전통적인 여성상의 모습에 스스로가 묶여 있었던 것, 알량한 자존심 때문에 친구들과의 관계도 끊고 고립되어 살아왔던 지난날들에 대한 회한 등을 하나씩 이야기하며, 이제 조금씩 세상 밖으로 나가 친구도 만나고 취미 활동도 하면서 자신의 삶을 찾는 중이라고 했다. 그녀는 따뜻한 봄이 되면 남편과의 여행도 계획 중이라며 환하게 웃었다.

적절하게 표현하고 참으며 당신의 감정을 돌보라

화병은 치료도 중요하지만 예방이 더 중요하다. 화가 쌓이지 않도록 그때그때 풀어야 한다. 물론 그렇다고 해서 있는 그대로 화를 내라는 말은 아니다. 그냥 방출되는 화는 오히려 자신과 주변 사람들을 다치게 할 수 있다. 그러니 적절하게 표현하고 적절하게 참을 줄 아는 능력을 기르며, 자신의 감정을 아끼고 돌볼 줄 알아야 한다.

화병은 가족구조 내에서 많이 발생하므로 가족들 사이에 평소 대화를 자주 해서 서로의 감정이나 마음을 나누는 것이 중요하다. 힘든 일을 분담하고, 각자의 영역을 존중해주고 인정해준다면 화나는 일이 있어도 쉽게 해결할 수 있다. 그리고 무엇보다도 중요한 것은 바로 자기 자신이다. 대부분 아이가 태어나면 엄마는 자식을 중심으로 하루를 보내고, 자식에게 모든 것을 쏟게 된다. 즉 자식을 가장 중요한 위치에 두게 된다. 그러다가 자식들이 다 성장하고 독립해갈 때쯤이면 내 옆에 있던 배우자의 존재가 커지게 된다. 그러나 결국 나중에는 자기 자신이 남는다. 즉 자신이 가장 중요한 존재였음을 새삼 깨닫게 되는 것이다.

내가 평안하고 안정된 상태에서야 비로소 가족들에게도 충분한 사랑과 평안을 나누어줄 수 있다. 그러니 취미나 능력을 키우는 등 자신을 계발하고 돌보는 일에 정성을 기울이고, 짧은 시간이라도 자신의 삶에 대해 차분히 되돌아보는 사색의 시간을 가질 필요가 있다. 또 봉사활동이나 종교활동 등을 통해 내 가족 너머의 세상에 관심을 가지고 참여하는 것도 도움이 된다. 이런 다양한 활동들을 통해 내가 살아 있음을 느끼고, 삶의 진정한 보람을 느낄 수 있게 된다.

먹는 게 내 맘대로
되지 않는 당신에게

/

섭식장애

나는 체중이나 몸매의 변화에 민감한 편은 아니지만 이건 아니다 싶을 정도로 살이 올랐을 땐 집중적으로 체중관리에 들어간다. 그래 봤자 평소 즐겨 먹던 피자와 치킨을 제한하는 정도이지만 꽤 효과가 좋은 편이다.

술을 거의 마시지 않기 때문에 피자나 치킨 등 먹는 것으로 스트레스를 풀곤 한다. 치킨 같은 음식에 세로토닌이 섞여 있는 것은 아니지만, 좋아하는 음식을 먹는 쾌감, 그리고 이것을 먹었을 때 기분이 좋아졌다는 기억의 회상은 우리 뇌에서 세로토닌이 분비되게끔 유도한다.

치킨과 피자를 제한하는 기간 동안 나는 매일 줄넘기를 1,000개씩 하는데, 사실 무척 고통스럽다. 좋아하는 음식을 먹지 못한다는 스트레스와 힘든 운동을 해야 한다는 스트레스로 온종일 짜증스럽고 예민하다. 어떨 땐 환자와 상담을 할 때도 내가 예민하게 날이 서 있다는 게 느껴질 정도이다. 운동을 하면서도 머릿속엔 얼른 원래 체중을 회복해서 피자와 치킨을 먹어야겠다는 생각으로 가득 차 있다.

남자인 나도 이럴진대 외모에 더 많은 신경을 쓰는 젊은 여성들은 오죽할까. 맛있는 음식은 미각과 후각, 시각은 물론이고 정신적인 만족감까지 주지만 먹고 싶다고 해서 마냥 즐길 수만은 없는 것이 현실이다. 체중증가라는 후폭풍에 대한 두려움에 오늘도 피자와 치킨, 떡볶이와 순대를 앞에 두고 깊은 고뇌에 빠져들게 된다.

먹는 즐거움과 44사이즈, 어느 것도 포기할 수 없는 지수 씨

바라던 대학에 합격한 지수 씨는 꿈꾸던 것과는 조금 다른 대학생활이 낯설게 느껴졌다. 지방에서 여고를 나온 지수 씨에게 서울 여자들은 다들 하나같이 세련되고 멋있어 보였으며, 무엇보다 날씬하다 못해 엄청 말랐다는 것이 무척이나 놀라웠다.

입시에 집중하느라 외모에 크게 신경을 쓸 틈이 없었지만, 이제라도 뒤처지지 말아야겠다는 생각에 여기저기 쇼핑몰을 검색하며 화장이나 옷차림 등에 공을 들였다. 같은 과 친구들에게 알음알음 물어보니 이미 겨울방학 동안 얼굴에 간단한 시술을 다 끝낸 상태였고, 현재는 노출의 계절인 여름을 대비하며 필라테스나 요가, 다양한 다

이어트를 통한 몸매관리에 집중하고 있다고 했다.

친구들의 말에 자극을 받은 지수 씨는 부랴부랴 헬스장 PT를 등록하고 피부과도 다니기 시작했다. 거금을 투자한 만큼 기대도 컸다. 하지만 2주가 지나도 외모에 별다른 변화가 보이질 않자 회의감이 들기 시작했다. 게다가 한식, 중식, 일식, 양식, 분식 등 세상의 모든 음식을 사랑하는 지수 씨에게 트레이너가 짜준 저염식의 다이어트 식단을 지키는 것은 고문과도 같은 고통이었다.

"헉헉! 안 하던 운동을 하려니 이건 뭐 공부를 하는 것보다 훨씬 더 어렵고 힘들잖아."

짜증이 점점 늘고 예민해지면서 급기야 밤에 떡볶이나 순대, 라면 등을 폭식하는 패턴이 반복되었다. 낮에 기껏 식욕을 억제하다가 밤이 되면 터진 댐처럼 이것저것 먹어대니 몸무게는 오히려 더 늘기까지 했다. '44사이즈의 마른 몸매를 원하지만 라면은 먹고 싶다.'는 딜레마에 빠진 지수 씨에게 친구가 솔깃한 얘기를 했다.

"먹고 바로 토하면 살이 안 쪄."

먹고 싶은 걸 아무리 먹어도 살이 안 찔 수 있다니! 왜 진작 이걸 몰랐을까. 그날부터 지수 씨는 케이크, 아이스크림, 치킨, 고기 등을 마음껏 먹고 바로 화장실로 갔다. 그렇게 2년 가까이 시간이 흐르는 동안 지수 씨의 몸무게는 10kg 이상이나 빠졌다. 피부가 많이 상했고 속이 쓰리고 생리통도 심해졌지만 사이즈의 압박에서 벗어나 예쁜 옷을 골라 입을 수 있다는 것, 먹고 싶은 것을 마음껏 먹을 수 있다는 기쁨과 쾌감에 비하면 아무것도 아니었다.

26살이 되었을 때 지수 씨는 몇 가지 뚜렷한 변화를 눈치 챘다. 불면증이 심해졌고 머리카락도 눈에 띄게 많이 빠졌다. 그리고 무엇보다 사소한 일에도 예민해져서 짜증이 나고, 누가 조금만 나에게 싫은 소리를 해도 버럭 화를 냈다. 남자친구에게도 마찬가지라 한 사람과 연애를 길게 하는 게 불가능해졌고, 쉽게 사람을 만나고 쉽게 헤어지게 되었다.

학교나 직장에서의 생활도 힘겨웠다. 인내심과 집중력이 눈에 띄게 떨어졌고, 과제나 협업을 하면서도 오래 버티기가 어렵고 몸이 처지는 게 느껴졌다. 가슴에 무언가 텅 비어 있다는 생각이 들 때가 많았고 공허하다는 생각이 자주 났다. 그렇게 예뻐 보이던 마른 몸이 더 이상 자랑스럽지가 않게 되었다. 생기 있고 빛이 나던 피부와 눈빛 대신에 푸석푸석하고 퀭한 얼굴, 화장으로도 가릴 수 없는 다크서클이 거울에 보였다.

뭔가 크게 잘못되었단 생각에 알 수 없는 죄책감까지 밀려왔지만 지수 씨는 6년 전처럼 여전히 마른 몸과 맛있는 음식 중 그 무엇도 포기할 수 없는, 출구 없는 딜레마에 빠져있었다.

음식을 절대적으로 거부하거나 절대적으로 탐닉하는 섭식장애

섭식장애는 올바르지 않은 식사 습관을 보이고, 체중이나 체형에 과도하게 집착하는 증상을 말한다. 흔히 거식증으로 알려진 신경성 식욕부진증이나 폭식증으로 알려진 신경성 대식증 등이 여기에 포함된다. 외모에 신경을 쓰기 시작하는 중고등학생 시절에 많이 시작되며 20대 초반에 두드러지게 나타나는데, 남자보다 여자에게서 20배나 많이 관찰된다. 섭식장애는 전체 여성의 1%에게 발생할 만큼 흔한 질환으로 모델, 발레리나, 연예인과 같이 몸매에 신경을 써야 하는 직종의 사람들에게서 특히 집중적으로 관찰된다.

식욕은 인간의 가장 기본적이고 원초적인 욕구 중 하나로 뇌의 시상하부라는 곳에서 이를 조절한다. 섭식중추가 자극되면 배고픔을 느껴 음식을 먹어야 한다는 신호를 보내고, 포만중추가 자극되면 '이제 배가 불러.'라는 신호가 생겨 식사를 그만하게 된다. 여기에 도파민과 노르아드레날린이라는 신경전달물질이 작용하여 우리의 식욕을 조절하게 되는데, 섭식장애는 이 시스템에 문제가 생김으로써 발생하게 된다.

거식증은 오랜 기간 동안 건강에 이상이 생길 정도로 음식을 거부하는 질병이다. 음식을 거부하는 행위는 '나의 몸을 컨트롤 한다.', '나의 원칙을 엄격하게 지킨다.'는 일종의 강박 증세다. 지수 씨도 마른 몸이 예쁘고, 같은 과의 친구들처럼 말라야만 한다는 강박이 생긴 것이다.

이처럼 타인과 자신을 비교해서 영향을 받고 남들과 비슷해야 한다는 생각은 자존감의 저하와 자율성의 결여를 불러오게 된다. 음식을 조절하고 체중을 낮추는 미션에 강박적으로 집착하게 되는 것이다. 세상에 마음대로 할 수 있는 것이 많지 않은데 이것은 내가 마음대로 조절할 수 있고, 그 성과도 수치로 확실히 확인할 수 있다는 것은 자기 통제력과 조절감에 있어 큰 만족을 주기도 한다. 이런 이유로, 살찌는 것을 두려워하고 뚱뚱한 몸을 혐오하는 많은 사람들이 다이어트 중독에 빠지게 되는 것이다.

거식증의 원인을 정신분석적으로 찾을 때 부모와의 애정의 결핍, 어머니에 대한 거부감으로 해석하기도 한다. 입으로 무엇을 받아먹는 행위, 구강기적 욕구를 스스로 포기함으로써 부모나 가족에게 분노를 표현하거나 애정이나 관심을 요구한다는 것이다. 이런 경우는 가족과의 관계가 나쁘다기보다는 갈등이 있으면서도 애정을 바라는 양가감정을 가질 때가 많다.

이러한 양가감정과 갈등은 우선 먹고 나서 음식을 뱉는 이중적인 행동으로 표현되기도 한다. 먹고 나서 살이 찌는 게 두려워 구토를 하거나 설사약 등을 먹는 것이다. 이 경우 위산의 역류로 인해 구강이나 식도, 위에 상처가 생긴다. 또 배가 자주 아프고 예민함과 짜증이 느는 데다 영양결핍으로 탈모도 생긴다. 그리고 호르몬의 이상으로 인한 생리 불순, 갑상샘 기능에도 문제가 생길 수가 있다.

많은 음식을 먹고 소화되기 전에 바로 토하는 경우 우리 몸에는 큰 혼란이 생긴다. 음식을 먹으면 우리 몸에선 음식을 소화하고 포만감을 자극하는 호르몬이 나온다. 그런데 정작 음식물은 밖으로 다 빠져나가서 소화할 것이 없는데 소화액만 나오는 불균형적인 사태가 발생하는 것이다.

이 경우 섭식중추와 포만중추 사이에 도파민의 균형이 무너지게 되는데, 이것이 반복되면 우리 몸은 충동적이 되고 예민해져서 짜증을 자주 내게 된다. 그럼에도 이러한 행위를 반복하는 이유는 구토

직후 몸에서 소량의 엔도르핀이 나오게 되는데, 이것이 주는 작은 쾌감과 '아, 이제는 살이 찌지 않겠구나.'하는 안도감 때문일 것이다.

폭식증의 경우는 20대 여성의 4%가 이를 경험할 만큼 거식증보다 더 흔하게 나타난다. 거식증과는 연관성이 많은 자매 질환이라고 생각할 수 있는데, 거식증 환자들이 예민하고 완벽주의적이거나 강박적인 성향을 보이는 반면 폭식증은 충동적이고 불안정한 성향을 보인다. 애정이나 관심을 갈구하는 특징이 있어서 남들의 시선이나 평가에 무척 예민하지만, 타인에 대한 신뢰감과 믿음이 낮은 편이기도 하다.

폭식증은 거식증과 비교할 때 체중의 변동이 그리 크지 않고 내과적인 문제가 상대적으로 적어 예후가 나쁘지 않다고 보는 사람들도 있다. 하지만 충동적이고 공격적인 성향이 표출되면서 대인관계나 사회 활동에 더 큰 문제를 가져오기도 한다.

폭식의 종류는 무척 다양하지만 주로 빵이나 면, 즉석식품이나 배달음식처럼 최대한 쉽고 빠르게 먹을 수 있는 음식을 선호한다. 이는 음식을 섭취하는 행위라기보다는 쌓인 분노를 빨리 표출하고 배설하는 수단으로 사용한다는 의미로 해석될 수 있다.

"마음의 허기는 결코 음식으로 채워지지 않아요"

카카오톡과 인스타그램에는 마르고 예쁜 사람들이 넘쳐난다. 실제로도 마른 사람이 사진 보정까지 해가며 제공하는 시각적인 자극들은 우리를 더 예민하고 강박적으로 만든다. 거울 속의 나와 그들을 비교하며 쓸데없이 내 자존감을 스스로 깎아내린다.

지금껏 나를 즐겁게 해주던 음식은 나쁜 것, 부정적인 것이 되어 어떻게든 피해야 할 대상이 된다. 지수 씨의 고민은 단순히 다이어트에 대한 스트레스를 넘어서 우울증이나 공황장애로 발전할 위험도 크다. 자신의 외모와 몸매를 좋아하지 않는 마음이 나의 대인관계나 자아상에도 부정적인 영향을 주고 사회적인 태도나 성격까지 좌우할 수 있기 때문이다.

맛있는 음식을 먹고 싶다는 것은 인간의 가장 자연스러운 욕구이며 삶에 있어 가장 즐거운 행위 중 하나이다. 그런데 이런 마음을 억지로 억압하고 마르지 않은 자신의 몸을 싫어하는 것은 결국 나의 몸과 삶, 나아가 나 자신을 부정하는 행위가 된다.

섭식장애를 치료하기 위해 가장 필요한 것은 자신에게 문제가 있다는 것을 알고 인정하는 것이다. 다른 많은 심리적 문제보다 섭식장애가 좀 더 특별한 이유는 내 몸을 오랜 기간 동안 조절해 온 당사자가 '나'라는 사실 때문이다. 그리고 다른 우울증이나 불안장애와는 달리 살을 빼려는 분명한 목표와 그 보상이 있었기 때문에 이를 병으로 인지하는 생각이 부족하다. 즉 섭식장애를 앓는 사람들이 현재의 상태를 군이 고쳐야 할 이유를 모른다는 것이다.

더군다나 섭식장애를 치료하면 다시 살이 찔지도 모른다는 두려움도 이 상태를 벗어나지 못하게 발목을 잡는 이유가 된다. 지수 씨도 처음엔 정신과 상담에 거부적이고 비협조적인 반응을 보였다. "제 몸은 제가 제일 잘 알아요. 네, 무리한 다이어트가 안 좋은 거 당연히 알죠. 원론적이고 뻔한 말씀을 하시네요."라며 조언에 저항하는 모습을 보였다.

지수 씨와 같은 섭식장애 환자가 자신의 문제를 인지하기 위한 가장 현실적인 팁은 식사 일기를 써보는 것이다. 식사 일기에는 몇 시에 어떤 음식을 먹었고, 구토를 했는지 안 했는지를 기록한다. 누구와 먹었는지도 중요하며 장소도 적는 게 좋다. 그리고 가장 중요한 내용은 먹기 전과 먹은 후에 나의 감정이 어떠했는지, 어떻게 변했는지를 최대한 자세히 써보는 것이다. 일기의 원래 목적이 누군가에게 보여주는 것이 아니듯 식사 일기의 의미는 내 몸의, 내 마음의 상태를 내가 깨닫고 객관적으로 보기 위함이다.

그리고 두 번째로 그 일기를 소중한 사람에게, 가족에게, 믿을 수 있는 상담사에게 보여주고 공감받아야 한다. 마른 몸매를 위한 강제적인 구토 뒤엔 분명 음식이 내 몸에서 빠져나간 만큼의 공허함과 무언가를 잃었다는 느낌, 우울감과 두려움이 그 자리를 채우고 있을 것이다. 또 내가 밥을 못 먹을 만큼, 혹은 폭식을 해서라도 피하고 싶었을 걱정이나 불안감, 스트레스를 어쩌면 자신의 몸 안에 꾹꾹 눌러 담고 있었을지도 모른다. 그러한 우울과 불안을 신뢰할 만한 누군가에게 털어놓고 이해받고 공감받아야 한다. 그래야 44사이즈의 늪에서 빠져나올 수 있다.

나는 지수 씨에게 "내면의 아름다움을 찾아라."와 같은 틀에 박힌 말 대신 본인에게 가장 어울리는 적절한 체형과 체중을 찾길 바란다는 말을 해주었다. 마른 몸이 정말로 우월하고 아름답다면 모든 연예인이나 모델들은 복제라도 한 듯 똑같은 몸을 가지고 있을 것이다. 나의 성향, 생활 습관, 스타일, 체형에 맞는 몸과 마음, 무엇보다 나를 사랑하는 자신감을 가졌을 때 비로소 참된 아름다움이 자리할 수 있다.

성공을 두려워하는 사람들

성공 후 우울증

성공은 끔찍한 재앙

집이 불타는 것보다 더 무서운, 파멸의 소리

지붕은 삽시간에 무너져 내리고

너의 파멸을 그저 맥없이 보고 서 있네

술고래 같은 평판은 영혼의 집을 다 태워버리지

네가 오직 이것만을 위해 일했다는 것이 알려진다면

오, 이 배반의 키스는 견딜 수 없는 것

그리고 너는 어둠 속에 쓰러져 실패자로 남아 있으리

흔히들 사람이면 누구나 성공을 꿈꾼다고 하지만 그것은 진실이 아니다. 영국 작가 맬컴 라우리Malcolm Lowry는 그의 유일한 성공작인 소설 《화산 아래서Under the Volcano》를 발간한 후, 위와 같은 시로 성공의 두려움을 표현했다. 그의 시에서도 알 수 있듯이, 성공이 모든 사람에게 기쁨과 즐거움을 주는 것은 아니다. 개중에는 성공을 두려워하고 꺼리는 이도 있다.

성공한 후에 우리는 성취감과 만족감, 자신감 등을 느끼며, 다른 사람들로부터 받는 인정과 칭찬에 우쭐해진다. 이러한 심리적 보상은 사실 성공이 주는 경제적인 보상이나 권력, 명성 등 다른 보상보다 더 크고 중요하다. 그러나 어떤 사람들은 성공을 두려워하고, 성공 후에 오히려 우울해지기도 한다. 이는 성공이란 것이 주는 심리적 의미를 견디지 못하는 결과이다.

성공은 독립을 내포한다. 이제껏 다른 사람에게 의지하고 도움을 받았다면, 성공 후엔 그런 도움 없이 스스로 서야 한다는 뜻을 가진다. 성공 전에는 웬만한 실수는 용납되지만, 성공 후에는 실수가 용납되지 않는다. 또한 성공은 다른 사람들의 시기심을 자극한다. 이제는 다른 사람들의 시선에 노출되어 경쟁과 공격의 대상이 될 수도 있다. 더구나 자신이 성공의 기쁨을 누릴 자격이 없다는 생각이 무의식에 자리 잡고 있다면, 결국 성공의 문턱에서 스스로 주저앉고 만다.

늘 미안하고 무조건 미안한 영철 씨

"팀장이 되면 마냥 기쁘고 좋을 줄 알았어요. 그런데 막상 팀장이 되고 보니 그 위치가 너무나 부담스럽고 힘겨워요."

영철 씨는 34세의 회사원이다. 평소 착실하고 사람 좋기로 유명한 그였지만 얼마 전 팀장으로 승진하고 난 후에 갑자기 의욕이 없어지고 사람들만 보면 불안해졌다. 게다가 회사 일이 두려워지고 출근하는 게 겁이 나기까지 해서 결국 병원을 방문했다.

"조금만 실수를 하고 잘못해도 팀원들이 그 정도밖에 안 되느냐고 조롱하고 무시하는 것 같아서 이젠 아무 결정도 못 내리겠어요."

영철 씨는 팀원이던 시절엔 무조건 시키는 대로 열심히 했고 나름의 성취감도 느꼈는데, 막상 상사의 위치가 되니 마치 남의 옷을 입은 듯이 거북하고 부담스러웠다. 팀원 중에 자주 지각을 하고 업무시간 중에도 농땡이를 치는 직원이 있는데도 야단을 치기가 조심스럽고 망설여졌다. 동료로서 조언을 하는 것과 상사가 되어 야단을 치는 것의 무게감이 다르니 이러지도 저러지도 못하는 것이다. 그런 자신이 무능한 것 같아 차라리 이전 위치로 돌아갔으면 하는 생각까지 들 정도이다.

"팀장이 된 이후로 점점 더 무기력해지고 우울해졌어요. 아침에 눈을 뜨는 것이 겁이 날 정도예요. 전 어떻게 해야 할까요?"

영철 씨는 성실하고 능력 있는 사람이었다. 원만한 성격에 좀처럼 화를 안 내고, 궂은일도 군소리 없이 척척 잘 해냈기에 평판도 무척 좋았다. 윗사람에게 예의 바르고 동료나 후배들 일도 자기 일처럼 챙겨주면서 항상 겸손함을 잊지 않으니 이렇다 할 적도 없었다. 물론 이런 영철 씨에게도 단점이 있었다. 생각이 너무 많고 우유부단해서 혼자서는 결정을 잘 못 내린다는 점이었다.

농촌 출신의 영철 씨는 3남 1녀 중 막내였다. 아버지는 농사를 지었는데, 엄하고 성격이 불같아서 조금만 잘못해도 자식들을 심하게 때리곤 했다. 어머니는 순종적이고 소심한 성격이라 가부장적이고 폭력적인 남편으로부터 자식들을 보호하기엔 역부족이었다.

아버지는 자식들이 어릴 적부터 농사일을 돕도록 했는데, 실수를 하거나 열심히 하지 않으면 심하게 욕을 퍼붓고 벌을 주었다. 영철 씨는 어릴 적부터 공부를 잘해서 형들이 강제적으로 농사일에 동원될 때 혼자 열외의 대접을 받을 수 있었다. 게다가 막내였던 덕분에 귀여움을 많이 받기도 했다. 하지만 일이 많을 땐 더러 농사일을 돕기도 했는데, 그때마다 일을 제대로 못한다며 아버지에게 혼이 나곤 했다.

"형들은 힘들게 일을 하는데 나만 편하게 공부하는 것이 늘 미안했어요. 그래서 어릴 때부터 100점을 맞으면 형들에게 너무 미안해서 시험지를 숨기곤 했어요."

형들은 영철 씨를 자랑스러워하고 귀여워해 주었는데도 불구하고, 영철 씨는 어려서부터 형들이 자기 때문에 더 야단을 맞는다는 생각에 항상 죄책감에 시달렸다.

형들은 공부를 못해서 고등학교만 졸업하고 농사를 짓게 되었고, 영철 씨는 공부를 잘해서 서울에 있는 국립대학에 다니게 되었다. 영철 씨는 자기만 대학을 다닌다는 것이 형들에게 너무 미안했다. 그는 형들에게 가능한 짐이 되지 않으려 열심히 공부해서 장학금을 타면서 대학을 다녔다.

영철 씨는 남들이 다 부러워하는 좋은 대학을 졸업하고, 직장을 다니면서도 항상 자신이 부족하고 못났다는 생각을 하고 있었다. 공부는 조금 잘 했을지 몰라도 다른 일은 할 줄 아는 것이 하나도 없으며, 아무도 자신을 좋아하지 않을 것이라는 불안이 항상 내재되어 있었다.

세상의 모든 불행을 스스로 떠안은 이의 '성공 후 우울증'

영철 씨는 전형적인 '성공 후 우울증'이라 할 수 있다. 성공 후 우울증은 기쁨과 행복을 가져와야 할 성공이 오히려 불안과 우울 그리고 죄책감을 불러일으키는 경우를 말한다. 이들은 자신이 성공을 누릴 자격이 없다고 느끼고 만성적인 죄책감에 시달리는 사람들이다. 항상 자신이 뭔가 죄를 지었다는 생각에 이들은 죗값을 치르기 위해 힘든 일을 마다하지 않고 떠맡는다.

이들에게는 '도덕적 자학증(moral masochism)'이 나타나는데, 도덕적 자학증이란 무의식적인 죄책감으로 인해 힘든 일을 도맡아 하고 자신을 편하게 놔두지 못하는 경우를 말한다. 이들은 자신이 즐겁고 기쁜 것을 견디지 못하고, 오히려 불행을 이상화하며 세상의 힘든 일을 혼자서 짊어지고 있는 것처럼 살아갈 때 비로소 만족을 느낀다. 그렇기 때문에 막상 성공의 문턱에서 주저앉고 실패를 반복하는 경우가 많다.

프로이트는 '성공에 의해 파괴되는' 환자의 분석에서 이들에게는 무의식적인 죄책감과 처벌을 받고자 하는 욕구가 있다고 하였다. 이들에게 성공이란 아버지를 능가한다는 의미를 지닌 것이고, 따라서 성공을 하면 아버지로부터 처벌받고 거세당할지도 모른다는 불안이 야기된다. 또한 성공이란 부모에게 의지하던 상태에서 성인으로서 독립하게 됨을 의미한다. 즉 어릴 적 부모와의 분리-개별화 과정에 문제가 있어서 부모로부터 심리적 독립을 하지 못했을 경우, 이들은 책임을 지는 성인의 상태로 들어가는 것을 두려워한다. 부모의 우산 아래서는 눈비를 피할 수 있지만, 그 우산이 없어진 후 혼자 어떻게 눈비를 피할지 당혹스러운 상태가 되는 것이다.

영철 씨의 경우 무서운 아버지에게 주눅이 든 상태로 성장해 왔다. 그는 아버지로부터 칭찬을 들은 기억은 없고, 항상 못한다는 소리만을 듣고 자랐다고 했다. 영철 씨는 언제 아버지가 불같이 화를 낼지 몰라 항상 조심하면서 살았고, 아버지를 만족시키기 위해서 어떻게든 모범생으로 자랐다.

영철 씨의 무의식 속에는 폭군 같은 아버지에 대한 분노가 컸지만, 이러한 화나 분노를 처리하는 법을 배우지 못하고 그저 억압해왔다. 오히려 아버지에게 대들 경우 무시무시한 처벌이 따를 것이라는 두려움이 컸고, 더불어 자식들 때문에 고생하시는 아버지에게 화를 내고 있다는 사실에 죄책감을 많이 느끼고 있었다. 더구나 자신이 형들을 이겼다는 것에도 무거운 죄책감을 가지고 있었다.

이런 그에게 편안함이나 즐거움은 누려서는 안 될 것이었고, 성공은 두려운 것이기도 했다. 왜냐하면 아버지를 능가한다는 것은 아버지를 노하게 할 위험성이 컸고, 형들의 질투를 자극하여 보복을 당할 위험도 있기 때문이었다.

"엄격한 나의 초자아와 우선 화해하세요"

현대 사회에서는 적지 않은 사람들이 은연중에 자신의 성공을 기뻐하지 못하고 오히려 두려워하는 '성공 신경증' 중 '자기 혐오성 인격(Self-defeating personality)'의 양상을 보인다. 자기 혐오성 행동이란 학업이나 다른 성취의 면에서 반복적인 실패를 하는 것을 말한다. 예를 들어 공부를 잘하던 사람이 중요한 시험 때마다 실패한다든지, 평소엔 문제를 꼼꼼히 잘 풀면서 시험에서는 항상 맨 뒷장을 푸는 것을 잊는다든지 하는 행동이 반복되는 것이다. 어떤 환자는 레포트나 과제를 열심히 작성한 다음, 표지를 다른 것으로 붙인다든지 하여 낙제 점수를 받는 행동을 하기도 하고, 작업의 마무리를 엉망으로 해놓기도 한다.

이러한 행동 뒷면엔 그럼으로써 성공을 방해하고 자기를 처벌하고자 하는 의미가 있다. 하지만 더욱 중요한 것은 이 뒤에 도사리고 있는 자기애적 성격특성과 오이디푸스 이전기의 갈등이다. 즉 아직 어머니와의 분리-개별화가 이루어지지 않은 상태로, 어머니와는 양가적 관계에 놓이게 되는 상태를 말한다. 이 경우 성공은 독립을 의미하고 어머니로부터의 분리를 의미한다. 더구나 어머니가 그토록 바라는 성공을 하는 것은 결국 어머니에게 굴복하고 지는 것을 의미한다. 때문에 이러한 성격특성의 사람들은 실패함으로써 어머니와의 싸움에서 이기고자 한다.

선뜻 이해가 되지 않을 수도 있지만, 사실 우리의 마음이 이렇게 복잡하고 아이러니하기까지 하다. 누구나 기뻐하고 자랑해야 할 성공이 죄책감 때문에 두렵고 불안한 것이 되기도 한다. 아니면 성공에 대한 무의식적 갈등 때문에 스스로의 발목을 붙잡아 내리는 경우도 있다.

'성공 후 우울증'을 극복하기 위해서는 너무 엄격해서 즐거움을 허락하지 않는 자신의 초자아와 우선 화해해야 한다. 영철 씨처럼 엄격하고 무서운 아버지의 이미지가 그의 초자아에 자리 잡고 있는 경우엔 항상 자신이 감시당하고 비판당하는 느낌에서 살아갈 수밖에 없다. 그는 자신의 시선에서가 아니라 아버지의 시선에서 자신을 바라보고 비판하는 것이다. 사실 정신분석이란 이런 너무 강하고 융통성 없는, 가학적인 초자아를 허용적이고 현실적인 초자아로 바꾸는 과정이라고도 할 수 있다.

초자아가 강하면 우린 우울해질 수밖에 없다. 그 강한 초자아의 이상을 맞출 수 있는 사람은 이 세상 그 어디에도 없기 때문이다. 그러한 초자아는 괜한 죄책감과 처벌에 대한 두려움, 심지어 처벌에의 욕구를 불러일으킨다. 그리고 그 부담에 짓눌린 사람은 무기력해지고 우울해질 수밖에 없다.

우리에겐 웬만한 실수는 눈감아 줄 수 있는, 그래서 다음에 더 잘

할 수 있도록 격려해줄 수 있는 너그러운 마음이 필요하다. 그리고
자신도 충분히 행복을 누릴 권리와 자격이 있음을 받아들이고 즐길
수 있어야 한다.

혼밥의 우울

외로움

    1인 가구의 시대가 왔다. 혼밥, 1코노미, 1인 삼겹살 전문식당까지 나온 걸 보면 정말 세상이 많이 달라졌나 보다. 혼자서도 충분히 삶을 즐길 수가 있고, 딱히 가족과 함께 살지 않더라도 불편한 것이 별로 없다. 아니, 어쩌면 혼자라서 더 신경 쓸 것이 없고 속 편하게 여겨지기도 한다. 육아나 가사, 가족의 경조사에도 에너지와 시간을 뺏기지 않는 나홀로족의 삶은 출산율 저하, 이혼율이 급등하는 요즘 어찌 보면 인생의 정답처럼 보이기까지 한다.

    "저녁 먹을 때 스마트폰 화면 대신 사람 얼굴을 보고 먹을 수 있었으면 좋겠어요, 그런지가 참 오래 됐더라구요."

"얼마 전에 집에 친구가 왔어요. 부모님께 떡국을 받았다며 보온도 시락에 담아서 제게 나눠주는데, 갑자기 막 눈물이 났어요. 떡국 한 그릇은 배달도 안 되고, 밖에서 사서 먹기도 애매한 데다 사실 맛도 우리가 기억하는 그 맛이 아니잖아요. 그렇다고 혼자 해 먹기도 참 처량하고…. 친구의 마음이 고마워서, 아니 혼자인 내가 너무 안쓰러워서 눈물이 났어요."

혼자여도 좋다고 생각했는데, 떡국 한 그릇에 불현듯 혼자여서 불편하고 외롭고 고독한 순간과 정면으로 마주하게 된다. 지금껏 외면했던 고독과 외로움과 우울을 한꺼번에 만나게 된다. 그리곤 오랫동안 아파한다.

함께이길 간절히 소망하는 38살 노총각의 고백

'혼자여도 괜찮아, 혼자라도 충분히 행복해.'라는 사람들을 응원하고 지지한다. 혼자인 시간을 사랑하고 충분히 행복해할 수 있는 사람이야말로 정말 행복한 사람이라는 말에 동의한다. 하지만 어쩌면 우리는 "인생은 어차피 다 혼자야, 혼자여도 꿋꿋하게 버텨야 해."라는 말에 지나치게 매여 있는 건 아닐까. 외롭지 않아야 한다, 외로워도 누군가에게 기대면 안 된다는 강박은 외로움의 시간과 고통을 어쩌면 더 길어지게 할 수도 있다.

38살의 노총각인 나는 작년부터 종종 환자들에게 "왜 아직 결혼을 안 하셨어요?"라는 질문을 받곤 한다. 재밌는 것은 주변 지인이나 친구들이 조심스러워 차마 묻지 못하는, 상당히 솔직한 돌직구 질문이 훅 들어오기도 한다는 점이다.

"눈이 너무 높아서 조건 따지시는 거 아니에요?", "그냥 놀고 즐기는 것을 좋아하는 건가요?" "혹시 남자 좋아하세요?"라는 질문도 하신다. 정말 셋 다 전혀 아닌데, 어쩌다가 아직 결혼을 못한 건지 나도 잘 모르겠다. 32살까지는 첫사랑과 다시 만날 수 있기를 간절히 바랐다. 하지만 그 사람이 결혼한 이후 끝났구나, 놓쳐버렸구나란 생각에 3년 정도 오래 방황하며 진지하게 독신을 고민하기도 했다.

36살이 된 후론 부쩍 외롭다는 생각이 들어서, 그리고 나도 누군가와 함께 살고 싶어서 스스로를 냉정히 평가해보았다.

"나는 한 가정을 책임질 만큼 정신적으로 성숙했는가?", "나는 누군가의 아버지가 될 만큼 선하고 좋은 사람인가?" 등등의 질문의 끝에서 나는 내가 오랜 시간 꾹꾹 눌러왔던 열등감과 자격지심을 마주하게 되었다. 그리곤 많은 자책감과 후회가 밀려들었다.

'왜 그 사람을 놓쳤을까, 왜 더 용기를 내지 않았을까.'라며 이미 지나가 버린 사랑을 미련스레 되돌아 보기도 하고, '왜 인생을 더 치열하게 살지 못했을까, 더 계산적으로 살지 못했을까.'라며 내 삶 전체를 뒤흔들어 보기도 했다. 또 그간 내가 만났던 수많은 환자들의 이혼과 아픔, 슬프고 답답한 사연들이 무의식적으로 나에게 결혼에 대한 두려움과 부정적인 인식을 심었을지도 모른다며 비겁한 변명도 해봤다. 그런 수많은 변명과 합리화 뒤에 숨으며 "나는 혼자가 좋아."라고 말했지만 사실 나는 혼자가 싫다. 혼자인 것이 너무너무 싫고, 외롭고 무섭다.

나는 왜 혼자일까, 뭐가 부족해서 아직 혼자일까. 퇴근길에 친구들의 카톡 프로필에서 아이와 아내와 함께한, 가족여행의 사진을 보며 혼자 있는 집으로 향할 때면 우울하다 못해 심장이 욱신거린다. 평생 타인의 마음을 달래주고 치료하다가 정작 내 마음은 채우지 못한 채 외롭게 늙는 건 아닌가 하는 염려가 들면서 두려움까지 밀려온다.

"자존감을 높이고 너 자신을 사랑해봐.", "넌 결혼을 못한 게 아니라 정말 온 마음을 다해 아끼고 사랑할 한 사람을 '아직' 만나지 못한 것뿐이잖아."

환자들에게 조언하듯이 스스로에게도 말해본다. 그러나 그다지 큰 위안이 되지 않는다. 대단한 사람을 원하는 것도, 대단한 사랑을 원하는 것도 아닌데 나는 왜 내 사람을 만나서 '함께'가 되는 일이 이리도 힘들까. 동호회에 가입해서 SNS 친구가 수백 명이 늘어난들, 지금보다 돈을 훨씬 많이 벌고 유명해진다 한들 '함께'인 충만함을 대신할 만한 무언가가 있을 수 있을까.

결혼을 하고, 아이까지 있는 친구들은 이런 내게 외려 "혼자인 네가 부럽다.", "막상 둘이 되고 아이가 생겨 셋이 되어봐라. 한 달도 안 돼 다시 혼자가 되고 싶을 것이다."와 같은 배부른 소리를 한다. 나는 그것이 그들의 진심이라기보다는 그저 나를 위로하기 위해 하는 말이란 걸 잘 안다. 혼자인 시간이 주는 고독과 외로움으로 바닥을 쳐본 사람들은 다 안다.

"난 혼자라도 좋아, 아니 혼자라서 더 좋아!"라고 말하는 사람들은 한 번쯤 스스로에게 진지하게 물어보아야 한다.

"나 외롭지 않아? 정말 혼자여도 괜찮아?"

누군가 필요하다면 "나 지금 힘들어."라고 말하고 기대야 한다. 비록 검은 머리가 파뿌리가 될 때까지 두 손 꼭 붙잡고 걸어갈 생의 반쪽까진 아니더라도, 잠시 내어주는 누군가의 어깨만으로도 우린 충분히 우울의 바닥에서 다시 올라올 수 있다.

중학교, 고등학교 동창 등 인생의 어느 순간을 공유하고 보냈던 친구에게 연락을 한번 해보는 것도 좋다. 나의 약점과 눈물을 보여줘도 괜찮은 사람, 내 모든 걸 그대로 드러내도 평가하거나 판단하지 않고 그저 내 곁에서 묵묵히 나의 이야기를 들어줄 누군가가 있다면 그에게 손을 내밀고, 그가 붙잡아주는 손길을 꽉 움켜쥐어보자. 그렇게 천천히 '함께'가 되는 길을 열고 세상 밖으로 나간다면 언젠가는 그토록 바라던 반쪽을 만나 온전한 '함께'가 되는 날도 오지 않을까 한다. 세상 모든 싱글들에게 의사가 아닌 동지로서, 힘껏 파이팅을 외쳐 본다. 파이팅!

혼자서는
외롭지 않을 수 없나요?

기쁜 날엔 누군가와 함께 기쁨을 나누고, 슬픈 날엔 따뜻하게 위로

받으면 기쁨은 더욱 커지고 슬픔은 확연히 줄어들잖아요.

그런 대상이 없을 때, 혼자라는 이유로 더 우울해지는 것 같아요.

인간은 혼자서는 외롭지 않을 수 없나요?

P : 전 혼자라서 많이 외로워요. 얼른 평생의 짝을 만나서 예쁜 아이를 낳고 오순도순 살고 싶은데 뜻대로 안 되니 자꾸 조급해지고 우울감까지 느껴져요. 뭔가 미완의, 불완전한 상태로 멈춰 있는 듯한 느낌이 들어요.

Q : 인간은 혼자로서는 원래 불완전한 존재인가요? 정신적으로 볼 때 혼자로는 완전할 수 없는 존재인가요?

K : 둘이어도 불완전해요. 둘이 있어도 완전해질 수 없을뿐더러, 혼자서만 사는 것 같은 정서적 결핍을 느끼는 사람들도 있어요.

Q : 둘이어도 외로울 수 있다면 왜 사람들은 누군가와 관계를 맺으며 살려고 할까요? 제 주변에는 골드싱글이 상당히 많아요. 그분들은 결혼을 평생의 과업처럼 생각하지만 다들 생각처럼 되지 않으니 우울해해요. "둘일 때 외로운 게 혼자라서 외로운 것보다 더 못 견디게 힘든 거다."라고 조언을 해도 그분들은 "그래도 결혼하고 싶다."고 해요. 인간은 정말 사랑 없이는 살 수 없나요?

K : 사람은 모든 포유류 중에서 가장 미숙한 존재로 태어나요. 3살까지는 누가 먹여주고 씻겨주고 해야 하죠.

혼자서는 할 수 있는 게 거의 없어요. 생존을 위해서도, 정서적인 성장을 위해서도 사람은 다른 사람과의 관계가 절대적으로 필요한 존재예요. 태생적으로 관계지향적인 것이죠.

Q : 인간은 혼자서는 완전해질 수 없나요?

P : 인간은 원래 완전할 수 없어요. 혼자이든 둘이든, 결혼을 하든 안 하든 외로움과 결핍을 느낄 수밖에 없는데, 그래도 둘이면 훨씬 덜하지 않을까요. 서로 사랑한다면.

K : 인간처럼 모순덩어리가 어디 있을까요. 생각과 감정이 따로 놀고, 감정과 행동도 따로 놀고, 또 생각도 그 안에서 복잡한 가지를 치고. 이것들을 통합해서 자신의 정체성을 만들어가는 게 인간의 발달과정이고 소명인 것 같아요. 근데 죽을 때까지 그건 이루어지지 않아요. 그저 죽을 때까지 우리는 이루려고 노력하는 거죠. 그리고 마지막 순간에 깨닫게 되는 것은 '아, 나는 부족한 인간이었구나!'라는 것이죠.

Q : 연인이나 배우자 없이, 혹은 함께 사는 가족 없이

혼자 지내는 사람이 우울감을 느낄 때, 그것을 극복하려면 어떻게 하면 좋을까요? 저의 경우엔 외롭거나 슬플 때 아주 슬픈 음악을 계속 들어요. 그렇게 슬픈 음악을 들으면서 실컷 울고 나면 어느 정도 개운해지는 걸 느껴요.

K : 슬픈 음악만 계속 들으면 더 슬퍼져요. 음악치료의 관점에서 보면, 슬픈 음악에서 점점 밝은 음악으로 나와야 슬픔을 극복하는 데 효과가 있거든요. 치유를 위한 음악은 선곡을 할 때 흐름이 굉장히 중요해요. 랜덤하게 배치하면 치유의 효과를 기대할 수가 없어요. 슬펐다가 약간 밝았다가 하는 식의 고저가 있어야 감정이 같이 움직일 수 있거든요.

Q : 박종석 선생님은 우울의 극복을 위해 어떤 방법을 추천하세요?

P : 전 환자분들께 심리적인 문제를 육체적인 활동으로 해결하는 방법을 가장 많이 추천해요. 운동, 특히 다른 사람이랑 같이 운동하는 게 큰 도움이 되거든요. 실제 제가 우울할 때에도 그 방법을 사용하기도 하고요.
너무 괴로워서 1박 2일 동안 밥도 안 먹고 슬픈 음악을 들으면서 침대에서 울기만 했던 적이 있어요. 그런데 어느 순간에 도저히 이래서는 안 되겠다 싶더라구요. 그래서 축구를 하러 나갔는데, 그렇게 억지로라도 축구를 하고 나니 기분이 나아지더라구요.

K : 우리가 억지로라도 웃으면 뇌가 속는대요. 뇌가 '아, 기분이 좋구나.'라고 느끼고, 그래서 실제로 기분이 좋아지는 거죠.

P : 전 어렸을 때부터 꽃을 참 좋아했어요. 물론 지금도 꽃을 좋아해요. 특히 정말 우울하고 힘들 때 꽃을 주고받으면 정말 기분이 나아져요. 나 건드리기만 해 봐, 라는 마음이 들 정도로 마음이 뾰족해져 있을 때도 누군가 내게 꽃을 주면 아주 잠깐이지만 행복해요. 우울한 감정도 넘치지 않게 아주 조금이라도 그렇게 비워내 주고, 아주 잠깐이라도 긍정적인 감정을 심어주면 분명히 효과가 있을 것 같아요. 별 것 아닌 아주 사소한 것이라도 즐거움과 행복감을 느끼는 일들을 하면서 조금씩, 조금씩 우울을 덜어내 주면 어느 순간엔 그게 확연하게 느껴져요. '아, 내가 나아지고 있구나' 하는 게.

Q : 혼자인 것에 대한 근원적인 외로움도 있겠지만 개인

의 상황이나 처지에 따라 외로움의 무게가 조금은 다르
지 않을까요? 싱글이라도 다 같은 싱글이 아니잖아요.

K : 그렇죠. 안정적인 직장과 수려한 외모, 경제적인 여
유까지 갖춰진 싱글도 있지만 정말 모든 것에서 뒤처진
듯한 싱글도 있잖아요. 나이는 들었는데 변변한 직장은
없고, 구직활동을 끊임없이 하지만 뜻대로 되지 않고,
그렇다고 모아놓은 돈이 있는 것도 아니고.

Q : 맞아요. 그런 분들이 혼자만의 공간에 갇혀있을 때
는 어떻게 해야 할까요? 어떻게 해야 그 우울감을 덜 수
있을까요?

P : 남자이건 여자이건, 나이가 많건 적건, 좋은 직장이
건 안 좋은 직장이건 퇴근하고 누군가 불러내주지 않으
면 결국엔 다 혼자 있는 거잖아요. 상황이나 처지가 어
떻건 혼자 있다는 것은 결국, 세상에 나 혼자 버려졌다,
나는 아무도 없다, 나는 고립됐다는 느낌을 들게 만드
는 것 같아요. 저 역시 약속이 없는 날엔 그런 외로움에
시달리구요.

Q : 요즘은 사회변화로 1인 가구가 급증하는데, 이들의

가장 큰 정서적인 우울이 고립감일 것 같아요. 약속을
의도적으로 만들지 않으면 혼자일 수밖에 없는데, 이들
이 외로움과 우울감을 느끼지 않으려면 어떻게 해야 할
까요?

K : 혼자여서 외롭기도 하지만 그렇다고 해서 누가 불
러도 잘 안 나가게 돼요. 사람을 피하게 되는 것 같아요.

P : 저는 누가 계속 불러주면 나가요. 그리고 불러주길
기다려요.

K : 싱글이지만 직업도 탄탄하고 자신감도 있고 자기
존중감도 있으면 친구나 동료가 부르면 나갈 수 있어요.
그런데 대부분의 평범한 싱글들은 나이가 들수록 외모
도 경제력도 경쟁력도 뒤처지게 돼 있어요. 전문직종이
아닌 이상 사회에서 점점 설 자리가 줄어드니 자존감도
많이 낮아지게 되구요. 그런 경우엔 친구들이 부른다고
나가기가 쉽지 않아요. 한 번 만나고 오면 더 우울해지
거든요.

P : 결국은 그런 경우에도 억지로라도 몸을 일으키고 움
직이고 누군가를 만나고 해야 할 것 같아요. 나가기 싫

다고, 누군가를 만나기 싫다고 웅크리고 있으면 정말 더 큰 우울감이 오잖아요.

그리고 혼자 있을 때도 늘 깨끗이 씻고 머리도 빗고, 거울을 자주 보면서 최소한의 청결을 유지하는 것이 중요한 것 같아요. 실제로 우울증으로 병원을 찾는 사람들 중엔 며칠 동안 머리도 안 감고 속옷도 안 갈아입는 등 자신을 방치하는 분들이 많아요. 혼자이든 둘이든 결국엔 마지막까지 자신을 보듬고 안아줘야 할 사람은 자신이잖아요.

저의 경험에 비추어보자면, 죽을 듯이 슬프고 우울해도 일단 일어나서 씻고 먹고 움직이고 전화를 하고 전화를 받는 것, 이게 시작이 되더라구요. 그걸 해야 내 안에 도파민이건 세로토닌이건 나올 거잖아요. 내게 다시 생동감을 찾아주기 위한 최소한의 첫발만큼은 스스로 떼어 줘야지, 안 그러면 너무 힘들어요.

아무리 슬퍼도
눈물이 나지 않는 당신에게

/

울지 못하는 사람

"외로워도 슬퍼도 나는 안 울어. 참고, 참고 또 참지 울긴 왜 울어."

들장미 소녀 캔디는 외롭고 슬프고 쓸쓸하면 거울 속의 자기 자신과 이야기를 나누며 자기암시를 한다. '웃어라 캔디야, 웃어라 캔디야. 울면 바보야, 웃어라 캔디야.'

언젠가부터 우리 사회는 '강한 사람은 울지 않는다.'는 편견에 사로잡혀 있다. 오죽하면 남자에겐 일생에 딱 세 번의 울음만을 허락할까. 태어날 때, 부모님이 돌아가셨을 때, 혀 깨물었을 때. 그 이상을 울면 못난 남자, 약한 남자가 된다.

"너 지금 울어?"

"안 울어."

"에이, 우는데?"

"안 운다니까!"

어른이 되면 더더욱 눈물에 인색해진다. 슬픈 드라마나 영화를 볼 때 우는 모습이 창피해서 애써 눈물을 참고, 억울하고 분해서 눈물이 쏟아질 것 같아도 입술을 꾹 깨물며 버틴다. 다 큰 어른이 눈물을 흘리는 것은 약하고 창피한 일이라고 생각하기 때문이다.

누군가 슬픔에 잠겨 울고 있을 때도 우리는 "울지 마, 이겨내야지." 라며 위로해준다. 길에서 넘어져 우는 아이를 보면, 얼른 달려가 말해준다. "뚝! 강한 사람은 울지 않는 거야."

그렇게 눈물을 감추고 울음을 가로막다가 결국 울고 싶어도 울지 못하는 어른아이가 된다.

유리갑옷을 입은 얼음공주 수영 씨

29세의 미혼여성인 수영 씨는 직장에서 인정받는 유망주다. 똑똑하고 일솜씨도 야무진 데다 승부욕도 강해서 한번 맡은 일은 완벽하리만큼 잘 해낸다. 하지만 그녀는 동료는 물론이고 친구들, 심지어 가족들에게조차 냉정하다는 말을 많이 듣는다. 찔러도 피는커녕 눈물도 한 방울 안 나올 것 같이 메마르고 차갑게 느껴진다는 것이다.

"그러고 보니 사춘기를 지나고부터는 울어본 기억이 없어요. 언제부턴가 슬프거나 우울한 감정이 들지 않아요."

그녀는 어려서부터 잘 울지 않았다. 넘어져서 피가 나도 혼자 일어나 약을 발랐고, 모두가 우는 슬픈 영화를 보면서도 건조하고 무표정한 얼굴을 했다. 또 아무리 힘들어도 다른 사람에게 도와달라는 말을 하지 않았다. 이런 수영 씨를 주위에서는 차갑고 강한 사람으로만 보고 있었다.

수영 씨는 2녀 1남 중 장녀다. 대학교수인 아버지는 엄격하고 근엄한 성격에 아내는 물론 자녀들에게조차 다정한 모습을 보이지 않았다. 게다가 화가 나면 불같이 폭발해 가족들을 공포에 떨게 했다.

어머니는 약사였지만 자녀들을 키우면서 일을 그만두었다. 욕심이 많고 지기 싫어하며 감정의 변화가 심한 편이었던 어머니는, 교육열이 매우 높아 자녀들의 공부를 위해서는 어떤 일도 마다하지 않았다. 특히 장녀인 수영 씨에게 많은 것을 기대했는데, 속상한 일이 있으면 항상 어린 딸에게 하소연을 했고, 남편에 대한 불만도 털어놓곤 했다. 그래서인지 어려서부터 수영 씨는 어머니가 힘든 것은 다 아버지가 나빠서라고 생각하며 아버지를 미워했다.

수영 씨의 부모님은 부부싸움이 잦았는데, 한번 싸우면 마치 집에 전쟁이라도 난 것처럼 분위기가 살벌하고 험악해졌다. 어머니는 화가 나면 꽥꽥거리며 소리를 질러댔고, 아버지는 그런 어머니를 때리고 살림살이를 부수기 일쑤였다. 싸움이 끝나면 어머니는 늘 그대로 앓아누웠는데, 어린 삼남매는 자기들끼리 라면을 끓여 먹으며 허기를 달래고, 탈진한 어머니까지 돌봐야 했다. 이런 일이 반복되어서인지 수영 씨는 어려서부터 자신이 어머니를 지켜야 한다고 생각했다. 그리고 어머니를 기쁘게 해드리기 위해 1등을 놓치지 않으려 열심히 공부했다.

어머니는 수영 씨를 의사로 만들고 싶어 했다. 항상 의사가 되라고 말했고, 항상 친척이나 주변 사람들과 비교하며 더 열심히 공부하기를 종용했다. 게다가 성적이 조금만 떨어져도 금방 실망하고 수영 씨에게 냉담해지곤 했다. 수영 씨는 성적을 유지하기 위해 공부에 매달렸고, 당연히 자신이 의사가 되고 싶어 한다고 생각했다.

몇 달 전, 어머니에게서 벗어나려 회사 근처에 오피스텔을 구해 독립까지 했지만 수영 씨의 마음속에는 항상 어머니의 목소리가 자신의 목소리를 대신하고 있었다. 면담을 하면서 중간중간 "왜 그렇게 생각해요?"라고 물으면 그녀는 대부분 "엄마가 그렇게 말했어요."라고 대답했다. 수영 씨는 귀신에게 영혼을 뺏긴 사람처럼, 마치 어머니에게 자신의 영혼을 뺏긴 사람 같았다. 자신의 목소리를 잃어버린 수영 씨는 항상 공허하고 불안정했으며, 종종 어머니에 대한 분노의 감정까지 일었다.

수영 씨의 마음 깊은 곳에는 자신을 좌지우지하고 조정하며, 자신의 부속물로 만들려는 어머니에 대한 깊은 분노가 자리 잡고 있었다. 그러나 이러한 분노는 매우 위험한 것으로, 조금만 내비쳐도 어머니를 잃을 수 있는 위험이 있었다. 또한 수영 씨는 그러한 어머니로부터 자신을 보호해주지 못하는 냉담한 아버지와 어머니의 막강한 힘에 강한 분노와 시기심을 가지고 있었다. 하지만 이 역시 겉으로 드러낼 수 없는 감정들이었다.

"나를 힘들게 하는 복잡한 감정들과 만나지 않으려고 무조건 공부에 매달렸어요. 그래야 강해지니까요. 공부를 잘하니 아무도 나를 건드리지 못했어요. 오히려 나를 인정해줬어요."

그녀는 자신의 약한 모습을 남들에게 보이지 않으려고 했다. 그것은 굴복을 뜻한다고 생각했기 때문이다. 약해지기 싫었던 그녀는 모든 슬픔과 우울을 거두어 버렸다. 그리고 부모보다 더 강해지기 위해 노력했다. 그녀가 할 수 있는 유일한 방법은 공부였다.

수영 씨는 이렇듯 공부에 대한 집착과 함께 자신의 감정에 대해서도 강력하게 저항했다. 그녀는 어릴 적 감당하기 힘든 일을 겪을 때마다 잽싸게 기억을 지우고 감정도 닫아 버렸다. 자신을 약하게 하는 우울과 슬픔으로부터 최대한 멀리, 재빠르게 도망친 것이다. 그녀의 무표정한 얼굴 뒤에는 커다란 공허가 있는 듯했다. 그녀와 이야기를 하고 있으면 마치 내 가슴에도 커다란 구멍이 뚫린 듯한 기분이었다.

참고 또 참은 눈물은 결국 나를 공격한다

울지 못하는 사람들이 있다. 다른 사람 앞에서 우는 모습을 보이는 것이 창피해서, 우는 자신이 나약한 것 같아서, 터져 나온 눈물한 방울에 그동안 잘 버텨온 자신이 무너져버릴 것만 같아서 이를 악물고 눈물을 참는다. 그리고 이것이 반복되다 보면 어느 순간엔 아무리 울려고 해도 눈물이 안 나와서 울지 못하게 된다.

흔히들 "강한 사람은 울지 않는다."고 생각한다. 하지만 이렇게 울지 못하는 사람은 사실은 더 약한 사람이다. 그들은 약한 자신의 모습을 감쌀 강한 면이 부족하기에 약한 모습을 자꾸 감추고 싶은 것이다. 약함을 감추기 위해 갑옷을 입어 보지만 그것은 유리로 된 갑옷이라 감당할 수 없을 정도의 우울과 만났을 때 외려 산산이 부서져 내리고 만다.

영국의 정신분석가 해리 건트립Harry Guntrip은, 사람은 자신을 약한 존재로 인지하는 것보다는 차라리 나쁜 존재로 인지하는 것을 더 원한다고 했다. 즉 우울한 사람은 자신의 약한 자기(weak self)를 경험하는 것을 방어하기 위해서 자기를 공격성, 죄책감 등이 있는 나쁜 자기(bad self)로 경험한다는 것이다.

약한 자기는 안에 깊숙이 숨겨버리고, 밖에는 이러한 약한 자기를 보호하기 위해 나쁜 자기를 출몰시켜 죄책감이나 분노 등의 갈등으로 위장하는 것이다. 이처럼 자신을 보호하기 위해 감정과 태도를 완전히 분리할 경우, 결국 안에는 약하고 무기력한 자기가 숨어서 보호되고 밖에는 두려움에 떠는 나쁜 자기가 대두되어 세상에 대한 분노를 표출한다.

진정으로 강한 사람은 자신의 약한 모습을 감추지 않는다. 설령 그러한 약한 모습이 드러난다 할지라도 충분히 그것을 감당할 강함이 그들에게 있기 때문이다. 그들은 자신의 있는 모습 그대로 내보이며 바람의 방향에 몸을 맡긴다. 슬픔과 우울도 그대로 인정하고 받아들이며, 건강하게 배출하고 건강하게 이겨낸다.

우리는 여러 상황에서 눈물을 흘린다. 슬플 때도 울고, 기쁠 때도 울며, 무서울 때도 울고, 아플 때도 울고, 억울하고 분할 때도 운다. 이처럼 울음은 우리가 살아가는 데 웃음만큼이나 감정을 건강하게 표출해내는 중요한 수단이다.

분석적으로 보면, 울음은 우리 마음속에 있는 분노와 공격성을 씻어내는 배출구의 역할을 한다. 어릴 때는 발버둥을 치고 소리 지르며 운다. 그럼으로써 우리 내부에 있는 분노나 공포를 방출하는 것이다. 그런데 성인이 되면 울 때 오히려 온몸의 근육이 이완되는 상태가 된다. 울 때는 교감신경이 저하되고, 부교감신경이 활성화된다. 그것은 공격성이 위험한 행동이나 동작으로 방출되는 것을 막는 효과가 있다. 그 대신 공격성이나 공포 혹은 슬픔은 눈물이라는 맑은 분비물을 통해 방출된다. 그렇기 때문에 울고 나면 마음이 정화되는 것을 느끼는 것이다. 게다가 우는 사람 앞에서는 화가 가라앉고 보살펴주고 싶은 충동을 느끼게 된다. 그것은 상대방의 공격성을 누그러뜨리는 효과를 가진다.

또한 울음은 적응적인 측면도 가진다. 좌절이나 슬픔을 경험할 때 해결되지 않은 공격성은 울음이라는 통로를 통해서 배출된다. 그러나 어떠한 이유에서든지 울음을 억제할 경우, 공격성을 방출하고 중화시키는 눈물의 기능이 억압된다. 그리고 방출되지 않는 공격성은 내부로 쌓여 결국은 자신을 공격한다. 그래서 어느 순간에 우울증으로 확 빠져버리는 것이다.

눈물을 이젠 놓아주세요

플라톤은 인간의 본성을 두 마리의 말이 끄는 이륜마차와 마부로 비유했다. 정신과 의사이자 심리상담가인 고든 리빙스턴 Gordon

Livingston은 이를 다음과 같이 묘사했다.

"밖에서 보기에 인간은 사람처럼 보인다. 그러나 그들의 피부 아래는 세 개의 창조물이 숨겨져 있다. 하나는 머리가 여럿 달린 야수로, 어떤 것은 사납고 어떤 것은 유순하다. 이것은 욕망과 열정이라고 할 수 있다. 다른 하나는 용감한 사자로, 의지의 부분이다. 그리고 마지막은 인간으로서 이성적인 요소이다."

플라톤은 인간이 사자의 도움을 받아 머리가 여럿 달린 괴물을 통제할 수 있도록 해야 한다고 했고, 이를 인간의 최고의 경지라 하였다. 여기서 열정과 욕망의 머리 여럿 달린 야수는 쾌락원칙에 따라 행동하는 성적 욕망과 공격성 등의 본능적 요소라 할 수 있다. 사자는 의지의 부분으로서 공격성이 되며 가학적인 초자아에 흡수되어 나중엔 자신을 공격하게 된다. 마부인 이성은 현실원칙에 따라 행동하는 자아가 된다.

이것을 수영 씨의 경우에 적용해보면, 그녀는 자신의 피부 아래에 있는 괴물이 뛰쳐나올까 봐 두려워하고, 사자가 화가 나서 자신과 주변의 사람들을 물어뜯을까 두려워서 자아의 옷을 두껍게 입고 꼭꼭 싸맨 경우라 할 수 있다. 그러나 그렇게 되면 야수의 사나운 머리뿐 아니라 부드럽고 유순한 머리조차 피부 아래로 갇히게 된다. 그리고 사자의 의지 또한 갇혀버리게 되어 그녀는 다른 사람(엄마)의 의지를 빌려서 살아갈 수밖에 없게 된다.

겉으로 보기엔 항상 냉정하고 평정심을 잃지 않으며, 능력 있고 강해 보이는 수영 씨의 마음속에 그렇게 커다란 공허와 우울이 자리

잡고 있다는 것은 그녀 자신조차 모르고 있었다. 그러나 면담을 진행하면서 그녀는 아무리 자신이 큰 성취를 이루고 주위의 인정을 받아도 항상 왜 그렇게 공허하고 뭔가 텅 빈 것 같았는지 이해하게 되었다.

그녀는 무엇을 봐도 감정적인 동요가 없었다. 뭘 해도 그다지 기쁘지 않았고, 어떤 슬픈 영화를 봐도 그냥 그러려니 하고 항상 담담했다. 주위에선 이런 수영 씨를 차갑고 강한 사람이라고만 생각했지, 아무도(수영 씨 자신조차도) 그녀의 깊은 곳에선 겁에 질리고 화가 나 있으며 슬픔에 신음하고 있는 나약한 어린아이가 울고 있다는 것을 알지 못했다.

수영 씨는 예쁜 얼굴이지만 표정이 없었다. 무슨 말을 하고 있든 표정은 흔들리지 않고 목소리 톤도 항상 차분하고 일정했다. 어릴 적 부모님이 싸우면서 어머니가 피를 흘리고 쓰러졌던 일을 회상하면서도 감정적 동요를 전혀 보이지 않았다. 그녀는 마치 다른 사람의 이야기를 전하는 사람처럼 자신의 이야기를 했다. 하지만 차츰 엉킨 실타래가 풀려나가듯이 마음속의 분노와 슬픔을 한 올 한 올 풀어나가면서 그녀의 눈에는 눈물이 보이기 시작했다.

치료 중반쯤에 어머니가 어린 자신에게 얼마나 잔혹했으며 큰 상처를 주었는지를 이야기하며 그녀는 뱃속에서부터 뿜어져 나오는 듯한 깊은 울음을 토해냈다. 그녀는 이렇게 속이 시원해질 정도로 울어본 적은 처음이라 했다.

한바탕 울음을 터뜨려내자 이제 그녀의 얼굴에서 표정이 살아나기 시작했다. 비로소 자신의 감정을 느끼게 된 것이다. 이전에는 우울을 가두어 놓느라 기쁨과 행복감 같은 다른 감정들도 같이 갇혀 있었는데, 우울이 풀려나면서 다른 감정들도 같이 풀려나기 시작한 것이다. 이것은 수영 씨에게는 전혀 새로운 경험이었다.

그녀는 비로소 살아 있다고 느낀다고 했다. 비록 슬프고 아팠던 자신의 과거를 기억하고 인정하는 것이 아직은 힘들고 불편하지만, 이제 그녀는 그 모든 것을 자신의 일부분으로 받아들이는 작업을 하고 있다. 왜냐하면 그것을 인정한다고 해도 더 이상 자신이 수치스럽고 나약하며 괴물같이 느껴지지 않기 때문이다.

눈물은 내 마음의 순수다

울고 싶을 때 울 수 있다는 건 커다란 축복이다. 몸이 아프거나 다쳤을 때, 누군가를 상실했을 때, 창피하거나 모욕을 당했을 때, 내가 너무나 초라하게 느껴질 때, 갑자기 이 세상에 나 혼자 외톨이로 버려진 것 같을 때 실컷 울고 나면 그나마 마음이 편안해진다. 해결된 것은 아무것도 없을지라도 꽉 막혔던 가슴에 큰 창이 열리고 시원해짐을 느낀다.

울음은 아픔과 슬픔으로부터 벗어나기 위한 하나의 굿판이다. 가슴속 깊숙이 응어리진 것을 토하듯이 내뱉고, 눈물로 그 슬픔을 씻어 내리는 작업이다. 마치 뿌연 미세먼지와 오물들을 시원스레 씻어내는 강렬한 빗줄기와도 같다. 그래서 실컷 울고 나면 가슴속에서 들끓었던 슬픔은 거품을 걷어내고 맑은 물이 되어 제 물줄기를 따라 건강하게 흘러간다.

울음은 나눔의 의미도 지닌다. 불쌍한 사람을 보았을 때, 다른 사람의 슬픔 앞에서 우리는 깊은 동정을 느끼고 같이 눈물을 흘린다. 그 눈물은 우리의 마음을 정화시키고 순수하게 닦아낸다. 그리고 나와 같이 울어줄 수 있는 사람이 있다는 것은 결코 내가 혼자가 아니라는 것을 의미하며, 그 힘으로 우린 다시 일어설 수 있는 힘을 얻게 된다.

울음은 자기 연민의 의미도 가지고 있다. 같이 할 사람이 아무도 없고, 위로해줄 사람조차 없을 때, 스스로의 뺨을 타고 흐르며 "그래 너 많이 힘들었지."라고 자신을 쓰다듬어주는 눈물은 어릴 적 어루만져주던 어머니의 손길을 떠올리게 하며 우리를 잠에 빠져들게 한다.

상처 입고 두려움에 떠는 연약한 자기를 바라보는 일은 매우 고통스러운 일이다. 그러나 눈물 가득한 연민을 느끼며 자신을 바라본 후에야 우리는 그러한 자신을 따뜻하게 보듬어줄 수 있게 된다. 그리고 더 이상 도망가지도 숨지도 않고 행복을 찾아갈 수 있는 건강한 힘을 얻게 된다.

고맙다, 나의 우울아

나를 가장 우울하게 만드는 사람은 누구일까?

가족? 시어머니? 회사 상사? 예쁘거나 부자인 친구? 모두 아니다. 타인으로 인한 열등감이나 분노에는 한계가 있다. 뒤돌아보면 나를 가장 아프게 했던 건 의외로 나 자신이었다. 과거 잘나갔을 때와 현재를 끊임없이 비교했고, '왜 아직 결혼하지 않았을까, 왜 그때 대학병원을 그만두었을까.'라고 내 선택을 끊임없이 후회하며 스스로를 괴롭혔다.

자책감은 타인에 대한 분노와는 달리 시간제한이 없다. 매일 질리지도 않고 같은 생각을 반복했고, 한숨 쉬며 잠들고 얼굴 찌푸린 아침을 맞이했다. 그 사업에 손대면 안 됐는데, 비트코인을 하면 안 됐는데, 후회해 봤자 아무런 소용이 없다는 걸 알면서도 바보, 바보 하며 한숨만을 내쉬는 게 버릇이 된 사람들은 늘 과거에 붙잡힌 채 산다. 나 또한 그랬다.

오늘과 미래에 집중하지 못하는 이들에겐 발전과 역전의 기회는 보이지 않고, 그저 '내가 대체 왜 그랬지?'만 수도 없이 되뇐다. 그 어떤 위로도 되지 않는다는 것을 알면서도, 몇 번의 실패로 이번 생은 망했다. 이 결혼은 끝났어. 이 사람은 나와 안 맞아, 우리나라는 틀렸어라고 단정한다.

김혜남 선생님께서 해주신 말씀 중 가장 기억에 남는 것이 있다.

바로 우울의 반대말은 행복이 아니라 생동감이라는 말이다. 살아서 움직이고, 아주 조금씩 매일 변하는 것이야말로 우울에서 벗어날 수 있는 유일한 방법이라고.

나는 10년 전 《서른살이 심리학에게 묻다》를 읽었는데 그때의 난 젊고, 자신감에 넘쳤고 내가 원하는 무엇이든 될 수 있다고 믿었다. 나는 우울증에 걸릴 일이 없을 거라고, 내 미래는 당연히 행복할 거라고 확신했다. 미숙함과 치기를 자신감으로 착각한 젊은 의사였던 나는 타인의 불안과 우울감에 그다지 깊숙이 공감하지 못했었다. 참 부끄러운 일이다.

실제로 맞이한 나의 30대는 기대와는 너무나도 달랐다. 일, 연애, 결혼, 가족 모든 것이 내 맘대로 되는 게 하나도 없었다. 당연히 합격할 거라 믿었던 면접에서 자꾸 떨어지고, 사업, 투자, 주식은 손해만 보았다. 대학병원에 남을 건지 개원할 것인지를 놓고 어중간하게 고민만 하다 4, 5년이 훌쩍 흘렀고, 잘나가는 동기나 친구들을 보면서 자존감은 바닥을 쳤다.

일상의 외로움이 습관이 되고 나도 몰랐던 우울감이 눈 밑까지 차오르는 날이면 현실을 부정했고 남 탓을 했었다. 괜찮다고 이만하면 행복하다고 스스로를 달래보아도 공허한 울림만이 돌아왔고, 나는 깨달았다. 내가 그동안 우울로부터 도망치고 있었음을.

술을 마시고, 게임에 몰두하고, 직장을 그만두고 여행을 갔었지만 달라지지 않았다. 나는 우울증에 걸린 나를 싫어했고 부끄러워했다. 나약함을 들킨 듯, 약해빠진 인간으로 낙인찍힌 듯, 스스로를 부정하고 자신에게서 도망쳤다. 우울한 나는 내가 아니라며 부정했고, 비난했다.

내 인생에서 가장 힘들었던 2018년, 대구에 사는 홍식이, 판교의 형섭이 형과 하은 형수님, 인천 재형이와 희경 부부는 우울증에 걸린 나도 모자라지 않다는 걸, 우울증을 간직하고서도 좋은 사람이 될 수 있다는 것을 가르쳐 주었다. 끝없는 짜증과 찌질함에도 불구하고 이들이 보여준 인내와 수용의 따뜻함을, 나는 생생히 기억한다.

우리는 과거를 되돌릴 수 없다. 사랑하는 이에게 준 상처와 모진 말도 주워 담을 수 없다. 다시는 그러지 말아야지 몇 번이나 다짐하면서도 또 실수하고야 마는, 의지가 한없이 약한 인간을, 나는 매일 아침 화장실 거울에서 본다. 나는 아마 또 우울해하고 실패하고 좌절할 것이다. 찌질하고 못난 말과 행동으로 사랑하는 이에게 상처를 줄 것이다. 하지만 지금은 그것이 끝이 아니라는 걸 안다. 열등감의 동굴 속에서 지겹도록 무력했던 나는 자책이야말로 상대방과 나를 가장 아프게 하는 것임을 깨달았다.

왜 나는 사랑받지 못할까? 왜 나는 성공하지 못했을까?

더는 이런 의문과 후회가 아닌, 하루가 이틀이 되고, 오늘 좌절해도 내일을 기대할 수 있는, 켜켜이 쌓은 노력이 가져다줄 기회와 인연에 감사하는 삶을 살고 싶다. 내 삶을 변화시킬 수 있는 건 로또 같은 기적이나 운명 같은 사랑이 아니라, 오분 더 일찍 출근하고 십분 더 운동하는 현재에 대한 충실함이란 것을 우울증이 가르쳐 주었다.

감사할 분들이 너무나도 많다. 김혜남 선생님과 박영미 대표님, 가장 소중한 사람인 지은이. 마지막으로 삶의 희로애락을 모두 가르쳐준 우울증에게, 존중과 애정을 담아 감사를 표하고 싶다.

2019. 05. 박종석

어른이 되면 괜찮을 줄 알았다

초판 1쇄 발행 2019년 6월 5일
개정판 1쇄 발행 2024년 8월 14일

지은이 김혜남 박종석
펴낸이 박영미
펴낸곳 포르체

출판신고 2020년 7월 20일 제2020-000103호
전화 02-6083-0128 | **팩스** 02-6008-0126
이메일 porchetogo@gmail.com
포스트 https://m.post.naver.com/porche_book
인스타그램 www.instagram.com/porche_book

ⓒ 김혜남 박종석 (저작권자와 맺은 특약에 따라 검인을 생략합니다.)
ISBN 979-11-93584-55-2 (03180)

여러분의 소중한 원고를 보내주세요.
porchetogo@gmail.com